왜 아이들은 똑같은 계산 실수를 반복할까?

ⓒ 이찬희 2015

초판 1쇄 발행 2015년 4월 16일

지은이	이찬희
펴낸이	김순집
편집	맹인호, 박정진
펴낸곳	주산수리셈
출판등록	제2-2008-00033호
주소	서울시 서초구 강남대로 47길 25, 2층(서초동, 서초빌딩)
전화	02-5 731
팩스	02-58
이메일	ebssuris hanmail.net
홈페이지	www.suris et

ISBN 979-11-85995-48-9 (73410)

• 가격은 뒷표지에 있습니다.
• 이 책은 저작권법에 의하여 보호를 받는 저작물이므로 무단 전재와 복제를 금합니다.
• 파본은 구입하신 서점에서 교환해 드립니다.

「이 도서의 국립중앙도서관 출판예정도서목록(CIP)는 서지정보유통지원시스템 홈페이지(http://seoji.nl.go.kr)와 국가자료공동목록시스템(http://www.nl.go.kr/kolisnet)에서 이용하실 수 있습니다.(CIP제어번호: CIP2015009847)」

이찬희 지음

주산 수리셈

감수의 말

십 수년 전 같은 TV 프로그램에 출연한 것을 계기로 인연을 맺게 된, 주산암산 11단 이찬희 선생이 인도네시아에서의 은둔생활 10년 만에, 이 땅의 모든 선생님들과 학부모님들에게 드리는 첫 번째 질문이군요. 기대와 함께 꼭 해결책을 찾으시기 바랍니다.

이 책의 발간에 아낌없는 감수와 조언을 해주신 노만희 박사님은요~. 대한의사협회 상근부회장님을 역임하셨고요~. 현재는 대한정신건강의학과의사회 회장님. 한국 EAP (Employee Assistance Program) 협회 회장님. 'American Psychiatric Association Corresponding' 멤버이시기도 하답니다~~.

* 노만희 정신건강의학과의원
http://www.open-mind.co.kr (02-793-0945)

머리말

수학을 좋아하고, 수학을 너무 잘해서 수학 경시대회에 나간 자랑스런 우리아이가, 아쉽게도 입상을 못한 이유가 단지 계산실수 때문이라면? 부모님의 속은 과연 편안하시겠습니까? 유치원에 들어가기도 전에 구구단을 척척 외워서, 신동이라는 소리를 듣던 우리아이가 수학 시험만 보면 답이 틀려 오는데, 천천히 다시 풀어 보라고 하니, 언제 틀렸냐는 듯이 답을 척척 맞출 때에, 웃어야 할지 울어야 할지 대략 난감했던 기억이 있으십니까?

여러분이 만일 아이가 틀리는 패턴을 주목해서 잘 살펴보신다면, 아이가 같은 패턴의 문제들만 모조리 틀리고 있음을 발견하시게 될 것입니다. 그런데 더욱 속상한 일은, 아이가 너무나 잘 알고 있으므로 단순한 계산 실수라고 생각을 하고 가슴을 쓸어내렸는데, 다음 시험에서도 역시 같은 패턴의 문제들을 모조리 틀려 올 때일 것입니다. 오랜 시간 아이들을 지도하면서 고민하고, 연구하고 또 탐구했습니다. 뇌 과학의 발달 덕분에 그 원인을 정확히 알게 되었고, 고심 끝에 강력한 해결책 세 가지를 마련하였습니다.

이 책과 함께 멋진 여행을 즐기시기 바랍니다.

지은이

추천의 말

선배님께서 집필한 책에 추천의 글을 써 달라는 부탁을 받고, 사실은 많이 망설이다가 어렵게 펜을 들었습니다. 무심코 지나칠 만한 과학적 사실들 중에서, 수학을 공부하는 모든 아이들에게 정말로 꼭 필요했던 것을, 콕 집어내어 알기 쉽도록 풀어 써 주신, 이찬희 샘께 먼저 애쓰셨다는 말씀을 드리고 싶습니다.

과거 주산 선수반 시절에 1초라도 시간을 단축하기 위하여, 숱하게 반복하며 외웠던 바로 그 복식 구구가 '똑같은 계산 실수를 반복하는 패턴'을 손쉽게 찾는 방법으로도 활용될 수 있음에 새삼 고개를 끄덕이게 되었습니다.

이 책을 잘 활용한다면, 지금은 계산이 서툴고 자주 틀리는 아이들이라 할지라도, 앞으로는 더 이상 같은 계산 실수를 반복하지는 않게 되리라 믿으며,

이 책과 함께 뇌 과학의 세계를 즐겁게 탐험해 본다면, 그 또한 색다른 시간이 되지 않을까 생각합니다.

이정희 주산암산 공인 11단
'SBS 스타킹'의 암산왕!

이 책을 즐기는 방법!

- 시험을 앞둔 아이가 있어서 마음이 급하다면, 6장과 7장을 먼저 읽고, 무료 동영상 강좌를 시청한다.
- 똑똑하게 뇌를 사용하는 방법이 궁금했었다면, 부록 [당신의 뇌, 똑똑하게 사용하는 방법 7가지!] 를 먼저 읽는다.
- 꼼꼼한 당신, [참조 1~7]도 꼭꼭 챙겨 가며 읽는다.
- 가장 좋은 방법, 차례대로 모두 읽고, 무료 동영상 강좌를 꼭 시청한다.

어려운 일이 있을수록 감사한 일들을 떠올려 보세요.

신기하게도 긍정적인 마음으로 세상을 보는 눈을 만들어 준답니다.
특히 이성의 뇌, 통찰의 뇌인 전전두엽 (prefrontal lobe)이 매우 능률적으로 작동하게 될 것이고요.

이해와 추리, 판단, 통찰 등의 모든 두뇌 활동에서, 당신의 실수가 현저하게 줄어들 것을 확신합니다.

차례

* 감수의 말 • 004
* 머리말 • 005
* 추천의 말 • 006
* 이 책을 즐기는 방법! • 007

---

01 | "왜, 아이들은 똑같은 계산 실수를 반복할까?" | 010
  * 세 가지 시스템의 뇌에 대하여 알아 보자!
  * 세 가지의 뇌와 Golden Circle!

02 | 단순한 계산 실수가 아니다. 해마가 잘못 기억시킨 것이다! | 024
  * 해마에서 전전두엽으로_장기기억의 경화 과정!

03 | 원칙은 바뀌지 않는다. 장기기억의 입력과 출력 체계도 바뀌지 않는다. 그러므로 당신의 방법을 바꿔라. | 030

04 | 긍정의 힘으로 능률적인 두뇌를 만들자! | 034
  * 행복이란 무엇일까?
  * 긍정적인 두뇌를 만들어 보자!

05 | 프로그램을 고칠 수 없다면, 새 프로그램을 깔아라! | 048

06 | 습관은 바꿀 수 있다. 장기기억도 그렇다! | 058

07 | 이찬희 샘의 TARGET 교정 비법! | 064
  * 성취의 3단계

---

* [참조 1~7] • 096
* 부록: 당신의 뇌, 똑똑하게 사용하는 방법 7가지! • 102

왜?
-
아이들은 똑같은
계산 실수를 반복할까?

—
아이들은 똑같은
계산 실수를 반복할까?

　인류는 선천적으로 시행착오를 통해 새로운 사실을 배우는 탁월한 능력이 있다. 즉 실수를 통해 더 나은 방법을 찾아서 발전을 거듭해 왔다는 것이다. 일반적으로 우리는 무언가를 시도하고 실패했을 때, 그 실패를 통하여 새로운 교훈을 얻는다. '실패를 통한 교훈'은 인류가 발전할 수 있었던 가장 강력한 원동력인 것이다. 발명왕 에디슨이 '실패는 성공의 어머니'라고 한 말은 몇몇 특별한 사람들을 위한 이야기가 아니라, 모든 인류에게 적용되는 보편적 진실인 것이다.

최근 한 연구는 기억력에 관해서도 같은 결과를 발표하였다. 즉 "공부 중의 [실수]가 오히려 기억력을 향상시킨다."는 것이다. 무엇인가를 배울 때, 잘못해서 발생하는 실수가 오히려 기억력을 향상시킨다는 사실을 임상실험을 통하여 증명한 것이다. 캐나다 토론토대학 인지신경학과 니콜 앤더슨 박사는 "사람들은 학습과정에서 실수하는 순간에 오히려 더 많은 내용을 머릿속에 저장한다. 수동적으로 기억한 정보보다 시행착오로 알게 된 경험 기억(정보)이 더 오래 지속된다"고 강조하였다. [참조 1]

그런데 여기서 한 가지 의문이 생긴다. 과연 계산 문제에서도 그럴까? 주사암산 11단이 계산 전문가로서의 당연한 의문이다. [아이들은 수학 시험에서도 계산 문제를 틀리고 나면, 그 실수를 통하여 배운 경험 기억을 활용하여 다음 시험에서는 틀리지 않고 정확하게 계산을 할까?] 라고 생각을 한다면 "절대로 그렇지 않다!" 안타깝지만 "절대로 그렇지 않다!"는 말이다.

일상적인 기억 활동에서는 "사람들은 학습과정에서 실수하는 순간에 오히려 더 많은 내용을 머릿속에 저장한다. 수동적으로 기억한 정보보다 시행착오로 알게 된 경험 기억(정보)이 더 오래 지속된다"는 니콜 앤더슨 박사의 이론이 분명히 성립하지만, 안타깝게도 이 원칙이 계산을 할 때에는 통용되지 않는다. 즉, 연산에 있어서 만큼은 '실패를 통한 교훈'이 기억력을 향상시키지 않는다는 것이다. 따라서 언젠가 시험에서 틀린 패턴의 문제가 다시 시험에 출제된다면, 아이들은 그 문제를 또 틀릴 확률이 대단히 높다는 것이다.

왜 그럴까?

30여 년간 초·중·고 학생들에게 주산·암산과 수학을 가르쳐 왔다. 그런데 아이들의 답안지를 채점하다 보면, 문제를 잘 이해하고 어려운 식도 알맞게 잘 세웠는데, 아쉽게도 계산 과정에서의 사소한 실수로 답이 틀리는 경우를 종종 보게 된다.

그리고 이런 모습도 눈에 선하게 상상이 된다.

아이의 수학 시험지를 받아 드신 어머니께서는 형편없는 점수 때문에 속상해 하신다. 그러나 이내 위안거리를 발견하게 된다. 단순한 계산 실수라는 것을 아시고는 조금은 안심을 하시는 것이다. 영특한 아이는 이럴 때에 자기 방어를 위해서 어떻게 행동해야 하는지 본능적으로 잘 안다.

"엄마!", "아~! 그거......", "아는 건데...... 실수로......", "아~! 아~~! 아~~~!"

머리카락을 쥐어뜯어 가며 안타까움에 몸부림을 치는 아이를 보면서 어머니의 마음은 한결 누그러진다.

'그래, 나도 속상한데, 지는 얼마나 더 속상하겠어?'

그래서 따끔하게 야단치리라는 애초의 결의는 온데간데 없어지고, 이내 부드러운 목소리로 달래듯이 말씀하신다.

"그래, 어려운 것은 다 맞았는데, 어이없게 아는 것을 틀렸구나, 너도 많이 속상하지? 다음부터는 이런 실수 하지 말고 정신차려서 잘 풀어~~."

그러나 사실 어머니는 내심 걱정이 이만저만이 아니다. 아이가 또 실수를 할까 봐....... 하지만 이내 아이를 믿고 좋은 쪽으로 생각하기로 마음을 다잡고 스스로를 위로하신다.

'그래! 어려운 것은 다 맞았잖아? 아, 이 녀석이 머리는 좋은데 자꾸 덤벙대서, 다음 시험에서는 실수하지 않겠지......'

애써 스스로를 위로한 어머니는 속으로는 아주 미칠 지경이지만, 옆집 어머니랑 말씀하실 때는, 한껏 당당하게 "우리 아이는 어려운 것은 다 맞았는데 쉬운 것만 실수로 틀렸네요. 다 아는 거니까 괜찮아요. 다음 시험은 잘 볼 거예요." 애써 아무렇지 않은 양 웃으면서 말씀을 하시다. 그렇지만 속에서는 천불이 난다.

그런데 희한하게 옆집 어머니께서도 똑같은 말씀을 하신다.

"어머~, 우리 아이도 그런데! 아, 이 녀석이 머리는 좋은데 자꾸 덤벙대서 틀려오지 뭐예요?"

마치 두 분이 대본 연습을 하면서 미리 입을 맞춘 것 같다. 드라마를 너무 많이 보셨나?

누가 그 집 아이들 머리 나쁜 아이라고 소문을 내고 다닌 적도 없건만, 어머니들은 아이의 성적에 대한 이야기가 나오면 한결같은 말씀들을 하신다.

"머리는 좋은데, 어쩌고저쩌고......",

"머리는 좋은데...... 어쩌고저쩌고......"

대한민국은 천재들만 사나 보다. 하긴 우리나라 아이들의 평균 IQ가 홍콩을 제외하곤 가장 높다고 하는 검증이 안 된 이야기도 있다. 홍콩은 국가가 아닌 일개 도시이므로 결국 한국사람들이 세계에서 제일 머리가 좋다는 이야기인데, 사실 여부를 떠나서 우리가 IQ에 대하여 그만큼 지나칠 정도로 민감하게 반응한다는 말이다. [참조 2]

어찌되었든 그렇게 말씀들을 나누고 나셔도 전혀 위로가 되지는 않는다. 아직도 가슴 속에는 주먹만한 돌이 내리누르고 있는 듯 여전히 현재진행형으로 찜찜하다. 우리 모두가 짐작할 수 있는 뻔한 결말이 기다리고 있음을 어머니도 잘 알고 계시기 때문이다. 단언컨대 아이는 다음 시험에서도 역시 똑같은 실수를 반복할 것이다!

샘은 어느 날 우연하게 다음 시험에서도 똑같은 계산 실수를 한 아이의 답안지를 보게 되었다.

수학을 꽤 잘하는 아이인데 또 어이없는 계산 실수를 하게 된 것이다. 다시 풀어보라고 하니 망설임 없이 정답을 낸다. 우연한 실수라고 안심을 했다. 그런데 이 녀석이 그 다음 시험에서도 똑같은 계산 실수를 했다. 이번에는 틀린 문제를 분석해 보았다.

정확하게 7×7이 들어가 있는 문제들만 계속해서 틀려 왔던 것이었다. 7×7= 47로 계산을 했기 때문이었다. 아이에게 물어보았다. "7×7은 무엇이니?" 아이가 씩 웃으며 대답한다. "49요!" 그런데 왜 여기서는 47로 계산을 한 것이니? 순간 아이도 혼란스러운지 쑥스럽게 웃는다.

분석을 해 보았다. 5×5는 25, 6×6은 36이니까, 7×7은 47! 아이는 나름대로는 합리적이지만 엉터리 추론을 하면서 구구단을 외웠던 것이다.

가끔 TV 오락 프로그램에서 구구단 게임을 하는 것을 보게 된다. 나름 똑똑하다고 알려진 유명인이 어처구니없게 구구단을 틀리는 것을 보면서 우리는 카타르시스를 느낀다.

정말 몰라서 틀렸을까?
시청자를 웃기려고 일부러 틀린 걸까?
아는데 실수로 틀린 걸까?
궁금하지 않을 수 없다.

사실 아이들이 똑같은 패턴의 계산을 반복해서 틀리는 이유는, 틀리는 개수만큼이나 다양하지만, 원인은 딱 한 가지이다.

"해마가 잘못 기억시켰기 때문이다!"

오늘 그 이유를 확실하게 알고 넘어갈 것이다.

*세 가지 시스템의 뇌에 대하여 알아 보자!

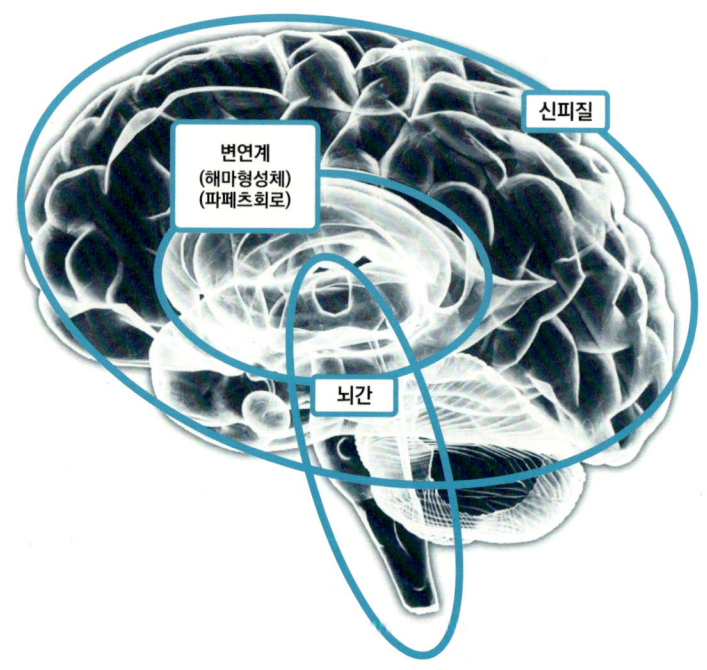

1) 뇌간 (본능 뇌: 본능 위주의 파충류 뇌)

호흡, 심장 박동 등의 인체의 기본 기능을 담당하고, 이 부위에 자연치유 능력이 있다고 믿는 학자들도 있다.

지금 좋은 것에는 반응을 하고, 지금 나쁜 것에는 반응을 안 한다. 지금 앞에 먹이가 있다면, 그냥 먹는다. 그것뿐이다!
즉 얘는 현재 위주로 작동을 한다.

2) 변연계 (감정 뇌: 기억과 감정의 원시 포유류 뇌) _ 해마 형성체

- 기억, 분별, 감정 등을 담당한다.

드디어 해마가 생기면서 기억을 하게 된 것이다. 해마가 해야 할 첫 번째 역할은 수많은 정보 중에, 현재 상황에서 저장할 가치가 있는 정보와 저장할 가치가 없는 정보를 구별해 내는 것이었다. 이 기억을 바탕으로 과거에 좋았던 상황에는 감정적으로 반응을 하고, 과거에 나빴던 상황은 피할 줄도 아는 분별을 하게 되었다.

그러므로 얘는 주로 과거 위주로 작동을 한다.

해마 [hippocampus, 海馬]에 대해 좀 더 알아보자.

변연계에 포함되며 장기 기억과 공간 개념, 감정적인 행동을 조절한다.
해마는 학습, 기억 및 새로운 것의 인식 등의 역할을 한다. 해마는 뇌의 다른 부위로 신호를 전달하는 중요한 원심성 신경섬유 역할을 한다. 학습과 기억에 관여하며 감정, 행동 및 일부 운동을 조절한다. 또한 시상하부의 기능을 조절하는 역할을 가지고 있다.

3) 신피질 (이성 뇌: 인간의 통합적 사고의 뇌)

생각과 사고, 연합적 추리 등을 담당하여 일명 통찰의 뇌라고도 불린다. 우리가 어떤 결정을 내릴 때에는 뇌간, 변연계, 신피질의 세 가지 시스템 중에서 거의 대부분은 바로 이 신피질 (대뇌피질)이 주도한다.

얘는 추론과 추리를 통해 미래를 예측할 줄도 안다. 인간이 미래의 가치를

위해 현재의 고생을 감내할 수 있는 것은, 순전히 애가 미래에 더 큰 가치를 부여하고, 하위 시스템들(뇌간, 변연계)의 즉시적이고 무조건적인 욕구를 억제하기 때문에 가능한 것이다.

그러나 만일 대뇌피질(신피질)이 너무 바쁘거나 스트레스를 받아서, 하위 시스템들을 더 이상 제어하지 못하는 경우에는, 한순간에 포유류의 뇌가 튀어나올 수도 있다. 다시 말해서 당신 안의 동물을 만나는 것이다.

이러한 경우에는 어린아이처럼 지나치게 감정적이거나 과거의 장기기억에만 의존한다. 아이들이 혼날 때에 흔히 일어나는 일이다.

그러나 이보다 더 극한 상황에서는 포유류의 뇌마저도 기능을 하지 못하고 파충류의 뇌가 튀어나올 수도 있다. 이러한 상태는 아주 극한 상황, 운전 중이거나 전쟁터 같은 곳에서 가끔 일어난다.

인간이 어디까지 잔인해질 수 있는지를 보여 주는 순간이고, 아무리 인간이 저 잘났다고 까불어 봤자 동물일 뿐이라는 것을 실감하는 순간이기도 하다.

*이에 대하여, 영국의 신경학자 휼링스 잭슨(Hughlings Jackson, 1835~1911)은 뇌 전체 시스템의 기능에 대해 이렇게 말했다.

"높은 차원의 신경 시스템이 낮은 차원의 신경 시스템을 제어한다. 전전두엽이 대상회나 그 밑에 있는 시상, 시상하부와 상호 연결되어 신호를 통합한다. 그래서 높은 차원의 신경 시스템이 제 기능을 하지 못할 때, 낮은 차원의 시스템의 동작이 드러난다. 이것은 뇌 전체에 적용되는 기본 원리이다."

"…?"

"어렵다!"

좀 더 쉽게 알아보기 위하여 TED에서 명 강사로 유명한, 사이먼 시넥 Simon Sinek의 "위대한 리더들이 행동을 이끌어 내는 법"이라는 주제의 강연 내용을 인용한다.

* 세 가지 시스템의 뇌와 Golden Circle!

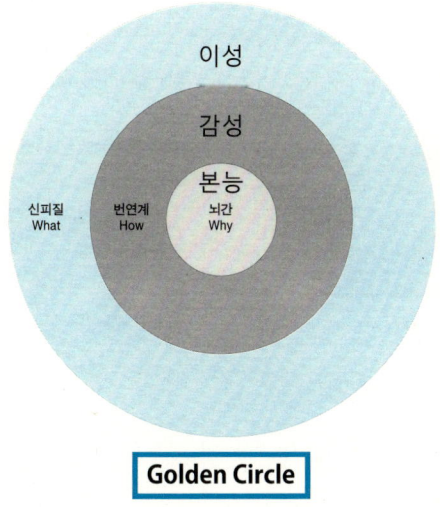

요약 | 인간의 뇌의 교차 부분을 위에서부터 아래로 들여다보면 여러분은 사실상 뇌가 3개의 주요 부분으로 나뉘어 있는 것을 볼 수 있습니다. 이 부분들은 완전히 '골든 서클(그림)' 과도 상통합니다.

최신 뇌, 현 인류의 뇌인 신피질은 "무엇 What" 단계에 상응합니다. 신피질은 우리의 모든 이성, 분석적인 사고 그리고 언어를 담당합니다.

(그림에서) 해마와 변연계는 우리의 모든 감정을 조절합니다. 충의, 믿음 같은 것들이죠. 또한 인간의 행동, 모든 의사결정을 담당합니다. 하지만 언어를 담당하지는 않습니다.

우리가 (그림의) 외부로부터 안쪽으로 소통할 때, 사람들은 특징, 이익, 사실, 그리고 형상과 같은 복잡한 많은 양의 정보를 이해할 수 있습니다. 하지만 행동을 이끌지는 않습니다.

우리가 (그림의) 내부로부터 밖으로 소통할 때, 우리는 뇌에서 행동을 조절하는 부분에 바로 전달하는 것입니다. 그러고 나면 사람들은 이를 합리화합니다. 우리가 말하고 행동하는 실질적인 것으로 말이죠. 이것이 직관에 의해 의사 결정이 이뤄지는 방식입니다.

음, 여러분에게 이 비밀을 알려 드리긴 싫지만, 여러분의 행동을 조절하는 것은 몸의 다른 부분이 아닙니다, 이 모든 것이 (해마를 포함한) 변연계에서 일어나는 것입니다. 의사결정을 조절하지만 언어는 담당하지 않는 부분이죠.』

"…?"

"이것도 어렵다!"

그래서 샘이 알기 쉽도록 보충설명을 하겠다.

뇌 전문가가 아니므로, 100%는 확실하지 않을 수도 있다. 특히, 나만의 상상과 추론을 섞은 부분도 있다. 목표는 '아이들이 똑같은 계산 실수를 반복하는 이유'와 그 대책을 알기 쉽게 설명하려는 것이니까!

그 전에 머리도 식힐 겸 '재미있는 이야기'를 하나 해 볼까 한다. '재미있는 이야기'라는 단어에 귀가 솔깃! 아니, 눈이 번쩍! 했다면 여러분의 '감성의 뇌'인 변연계가 반응을 한 것이다.

샘은 30년 전 독일 (정확히는 서독)에 주산을 보급시킨 첫 한국인이다. 자랑하려는 것은 아니다. 어쨌든 처음 독일어를 배우게 되면, 필연적으로 영어의 'I love you.'에 해당하는 독일어 'Ich liebe dich.'를 접하게 된다. 그리고 가슴이 뜨거운 청춘 남녀라면 필연적으로 'Ich liebe dich.'를 고백할 이성도 찾게 된다. 저자도 선수는 아니었지만 당연히 고백을 한 적이 있다. 그런데 고백을 받은 상대가 되묻던 질문들이 위의 골든 서클의 3가지 단계와 딱 맞아떨어진다는 사실을 알고 내심 놀랐다.

"Ich liebe dich!" [이히 리베 디히!] "나 너 사랑해!"

반응1단계: What?에 해당하는 반응. Meine Was? [마이네 봐스?] "나의 무엇을?" 사랑하느냐고 되묻는 것이다. 얼굴이 예뻐서, 몸매가 좋아서, 돈을 잘 벌어서, 아빠가 부자라서…… 즉 '이성의 뇌'가 작동하고 있는 것이다. 조건이 먼저이고, 감정에 동요가 없다는 뜻이므로, 일찌감치 돗자리 접고 일어서야 한다.

반응2단계: How?에 해당하는 반응. Wie geht?, Wie viel? [뷔겟?, 뷔빌?] "어떻게?, 얼만큼?" 사랑하느냐고 되묻는 것이다. 즉 '감성의 뇌'가 작동하고 있는 것이다. 조건도 조금 따지지만, 마음도 조금 움직이고 있다는 뜻이다. 다시 말해서 "하는 것 봐 가면서……"의 뜻이다. 고생을 각오해라. 가능성은 열렸지만, 성공 여부는 앞으로 당신의 행동에 달려 있다.

반응 3 단계: Why?에 해당하는 반응. Warum? [봐룸?] "왜~?" 나를 사랑하느냐고 되묻는 것이다. 이미 사랑을 받아들일 마음이 있고, "왜~?" 나를 사랑하는지도 궁금한 것이다. 더욱 중요한 사실은 사랑에는 이유가 없음을 그녀도 잘 안다는 것이다. 즉 '본능의 뇌'가 작동하고 있는 것이다. 조건 따위는 관심 밖이고, 사랑에 초점이 맞추어져 있다. 이럴 때 머뭇거리면 바보다. 되지도 않는 사랑의 이유 따위를 주절주절 늘어놓는다면 더 바보다. 즉시 눈을 바라보며 확고하게 대답하라! "Darum!" [다룸!]이라고······

"Darum"은 영어의 "That is why!" 정도에 해당한다. 굳이 우리 말로 번역을 하자면, "그것이 이유야!", "그렇기 때문에!", "그러니까!" 정도가 될 것이다. 더 쉽게 풀이를 하자면 [네가 나에게 왜 사랑하느냐고 묻는 것은, 너도 나에게 관심이 많다는 뜻 아니겠니? 그러니까 그런 널 사랑할 수밖에!]가 되겠다.

"Warum?"과 "Darum!"······ 지금 생각해도 참으로 멋진 독일어인 것 같다. 많은 나라를 여행하고 몇몇 나라에서 20여 년을 살아 보았지만, 독일어의 "Warum?" 과 "Darum!"처럼 멋진 질문과 대답은 없었던 것 같다.

한참 빗나갔다. 다시 본론으로······

인간의 뇌는 먼 옛날부터 뇌간, 변연계 그리고 신피질 (대뇌피질 특히 전전두엽)의 순으로 진화를 거듭하여 왔다.

1. 가장 오래된 뇌간은 특히 생존에 직결되는 문제 해결에 탁월하지만, 뭐든지 제 맘대로 결정하고 제멋대로 행동하는 독불장군에 고집불통이다.

남편이 아내에게 자상하게 묻는다.

"여보, 이거는 어떻게 생각해?"

"여보, 이거는 어떻게 할까?"

그러나 웬걸? 결정은 역시 지가 좋아하는 걸로 하고 만다. 그럴 거면 차라리 묻지나 말지, 한 대 쥐어박고 싶어진다. 그렇지만 이제는 이해해 주자. 남편은 친절하게도 '이성의 뇌로' 물었지만, 결정은 '본능의 뇌'인 뇌간에서 독단적으로 한 것이다. 뇌간이 제 하고 싶은 쪽으로 결정을 할 때, '이성의 뇌'인 신피질은 고참한테 얼차려 받는 신병마냥 쪽도 못 쓴다. 그럴 수밖에 없는 것이, 고참 정도가 아니고 조상의 조상님뻘이니까……

2. 변연계 (해마형성체)는 여러 가지 다양한 감정에 적극적으로 충실하게 반응하는, 대단히 호기심 많고, 모든 장난감을 독차지하려는 욕심꾸러기 어린아이와 같다. 천진난만해서 살살 달래 주면 말을 아주 잘 듣는다. 해마가 발달하기 시작한 바로 이 때부터 인간은 과거의 일을 장시간 기억할 수 있었고, 과거의 기억을 바탕으로 사냥감을 구하거나 위험을 피하는 등의 두뇌활동을 시작하였던 것으로 알려져 있다.

3. 마지막으로 진화했고 전두엽, 두정엽, 측두엽, 후두엽 등의 대뇌피질로 구성되는 신피질은 이성적 추론에 능숙하다. 타인을 배려할 줄 알고, 다양한 감정을 언어로 표현할 수 있고, 복잡한 계산도 척척 할 수 있게 된 것이다. 마침내 인류는 다른 동물들과는 격이 완전히 다른, 만물의 영장이라고 할 만하게 진화를 한 것이다. 신피질, 특히 전전두엽의 발달 덕분이다.

단순한 계산 실수가 아니다.
해마가 잘못 기억시킨 것이다!

"왜, 아이들은 똑같은 계산 실수를 반복할까?"

이쯤에서 위에 예를 든 어머니들의 대화를 다시 상기해 보시기 바란다.

결론부터 말씀을 드리자면, "어머니! 그거 실수 아닙니다. 아이가 덤벙대서도 아니고요! 그렇다고 머리가 나빠서는 더더욱 아니랍니다!"

개중에는 진짜 실수일 때도 있을 것이다. 아이들이니까······
정말로 덤벙대다가 틀릴 수도 있을 것이다. 아이들이니까······

그러나 머리가 나빠서는 절대로 아니다!

어릴 적에 같은 실수를 반복한다는 것은 오히려 당연한 성장 과정이다. 아직은 뇌의 구피질(해마, 변연계 등 일명 '감성의 뇌')의 활동이 신피질(전두엽 등 일명 '이성의 뇌')의 활동보다 많을 뿐이다. 성인이 같은 실수를 반복하는 것이랑은 차원이 다르다. 한마디로 아이가 잘못된 것은 아니라는 것이다. 조금은 위안이 되셨기를 바란다.

특히 여기서 우리가 주목해야 할 것은, 우리가 흔히 '아이가 같은 계산 실수를 계속 반복한다'고 생각할 때의 그 **실수**라는 것은 사실은 **실수가 아니라는 것이다.**

실수가 아니라면 무엇이냐고? 간단하다. 진리는 늘 심플한 법이니까. 바로 **[해마가 정보를 잘못 입력하였기 때문에 계속해서 틀린다!]**는 것이다. 특히 위에 예를 든 아이와 같은 경우에는 99% 그렇다. 다시 보기 귀찮아서 그냥 넘어갈까 봐 복사를 했다. 나는 친절한 샘이니까......

> 『문제를 잘 이해하고 어려운 식도 알맞게 잘 세웠는데, 아쉽게도 계산 과정에서의 사소한 실수로 답이 틀리는 경우......』

* 해마에서 전전두엽으로_장기기억의 경화 과정!

해마는 기억을 만들고 저장하는 기관으로 흔히 알려져 있었다. 그러나 사실은 해마는 기억을 만드는 기관이지만 저장하지는 않는다. 해마와 신피질의 기억 공고화 과정을 거쳐서 장기기억을 전두엽, 두정엽, 측두엽, 후두엽 등으로 이식을 시킨다.

다중감각연합영역에서 통합된 정보는 해마형성체 [페파츠회로]를 순환하는 과정에서 (단기)기억을 형성하고, 다시 해마에서 신피질 [대뇌피질]로 옮겨져 장기기억으로 저장되는 경화과정을 거치게 된다.

단기기억은 해마와 신피질의 연결에 의하여, 짧게는 한 시간 안에 장기기억으로 바뀔 수도 있고, 수 개월에 걸쳐 서서히 바뀌기도 한다. 감동을 동반하는 특별한 경우에는 스냅사진을 찍듯이 순식간에 장기기억의 창고에 저장이 되기도 한다.

이 과정을 기억의 [경화과정]이라 한다.

기억이 경화되는 초기의 과정과 대뇌 신피질에 저장된 기억끼리 서로 연결이 되어 장기기억이 형성되는 과정 내내 해마와 신피질은 상호 연결상태를 유지한다.

마침내 신피질에 저장된 기억 사이의 연결이 강해지면 안정된 장기기억이 완성되고, 임무를 완수한 해마와 신피질 사이의 연결은 끊어진다.

즉, 기억은 해마가 만들지만, 장기기억은 종류별로 대뇌피질의 특정 부위에 나뉘어 저장된다. 그 중에서도 특히, [학습에 관련된 기억들은 대부분 전전두엽에 저장된다]고 알려져 있다.

* 전전두엽前前頭葉 (prefrontal lobe)에 대하여

뇌의 앞부분 즉 우리의 이마 부위에 있다.

1) 통찰과 이타심 등으로 인간의 계획, 의지, 충동 등을 조절.
2) 생각, 논리, 이성, 언어 등 사람의 인격구조와 이성적인 판단, 관념적 추론과 같은 고도의 정신 작용을 담당.
3) 전전두엽의 성장은 손의 사용과 깊은 관련이 있다.
4) 500만 년간 인간의 뇌는 3배가 커졌고, 특히 전전두엽은 6배나 커졌다.

* 장기기억의 경화 과정

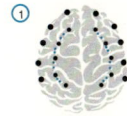
(1) 강한 자극을 받은 해마의 신경세포들끼리 시냅스에 의해 연결되기 시작한다.

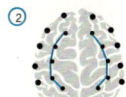
(2) 해마형성체[파페츠회로]를 일주하며 (단기)기억이 형성된다.

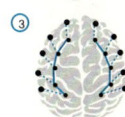
(3) 감동 혹은 반복적인 자극에 의해, 장기 기억 저장 창고인 신피질의 특정 부위(학습에 관련된 것은 주로 전전두엽)와 시냅스 연결을 시도한다.

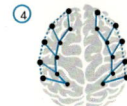
(4) 특정 부위의 신피질 신경세포들끼리 서로서로 시냅스 연결을 시도한다.

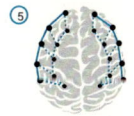
(5) 신피질 신경세포들끼리 시냅스의 연결이 강화될수록 해마와의 시냅스 연결은 느슨해진다.

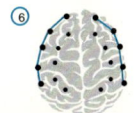
(6) 마침내 안정된 장기기억이 완성되면, 해마와의 시냅스 연결은 완전히 끊어진다.

이로써 인간은 복잡하게 머리를 쓸 일이 적어지고, 능률적으로 문제 해결을 할 수 있게 된다. 똑같은 상황이 발생하면 지체 없이 장기기억을 꺼내서 활용을 할 수 있기 때문이다!

우리가 셈을 할 때에도 바로 이 장기기억이 즉각 반응하는 것이다!

*단점: 이렇게 해마가 신피질로 떠나보낸 장기기억은, 입력시스템은 없고 출력시스템만 있기 때문에 그 정보를 근본적으로 바꿀 수 없다.

일단 이렇게 장기기억 창고에 입력이 되면, 같은 상황이 발생하자마자 자동적으로 즉시 반응을 하게 된다.

아이가 수를 배우는 과정에서 어설프게 실수하는 일이 반복이 된다면, 혹은 구구단을 외우는 과정에서 1~2개라도 습관적으로 잘못 외우고 있었다면......

많이 반복되는 정보는 중요한 정보라는 해마의 원칙에 따라서, 마침내 해마는 그 (단기)기억을 장기기억의 창고로 보내기로 결정을 한다. 즉 해마와 신피질 간의 기억 경화과정을 거쳐서 장기 기억 창고에 잘못된 정보가 입력이 된다는 뜻이다.

이렇게 일단 장기 기억으로 입력된 잘못된 정보는, 잘못되었음에도 불구하고 하늘이 무너지지 않는 한......

우리의 뇌는 여전히, 꿋꿋하게, 확고히, 아직도, 너무나도, 생생하게, 계속해서 기억을 하게 될 것이라는 이야기이다. 게다가 우리의 뇌는 저장된 정보와 같은 패턴이 나타나기가 무섭게, 생각이고 나발이고 할 겨를도 없이 순식간에 반응을 할 것이다.

길을 걷다가 바닥에 들러붙은 시꺼먼 껌 딱지를 본 적이 있는가?

사람들이 밟고 또 밟아서 길바닥에 딱 들러붙어 있다. 보기 흉해 일부러 떼려고 해도 힘든가 보다. 새삼 끌로 밀어내고 있는 미화원 아저씨가 안쓰럽다. 그렇다! 잘못된 기억은 이와 같이 우리 뇌에 딱 들러붙은 시꺼먼 껌 딱지인 것이다.

특히나 우리나라의 대다수 부모님들처럼 어린 자녀들에게 억지로 구구단을 외우게 하는 경우에 이러한 부작용은 더욱 심각해진다. 많은 양의 정보를 한꺼번에 외우게 하면, 그 중에서 잘못 외우는 것이 1~2개 정도는 반드시 나오게 마련인데, 이때 정확한 교정이 없이 반복 연습만 시킨다면, 아이의 머리 속에는 시커먼 껌 딱지만 늘어날 뿐이다.

게다가 장기기억은 조건반사처럼 그 상황이 되면 생각이고 나발이고 할 겨를도 없이 입력된 대로 즉시 튀어나올 뿐이다. 즉, 장기기억은 주변 상황에 따라서 즉시 반응을 하도록 설계되어 있다는 것이고, 더욱 중요한 것은 이 **"원칙은 절대로 변하지 않는다"** 는 것이다.

안된 일이지만, 특별한 대책이 없는 한 아래와 같은 상황이 계속 반복될 것이라는 뜻이다.

- 비슷한 상황 발생 1. → **올바른 장기기억** → **즉시 반응!** → (○)
- 비슷한 상황 발생 2. → **잘못된 장기기억** → **즉시 반응!** → (×)

만일 [비슷한 상황 발생 2]와 같은 일이, 아이가 수학 시험을 볼 때마다 반복이 된다면?

...... 분명히 상상하기 싫을 정도로 끔찍한 일일 것이다.

원칙은 바뀌지 않는다.

장기기억의 입력과 출력 체계도 바뀌지 않는다.
그러므로 당신의 방법을 바꿔라!

먼저 변하지 않는 원칙에 대한 '재미있는 실화'가 있어서 소개한다.

훈련함대에 배속된 두 대의 전함이 수일 동안 계속되는 폭우 속에서도 대대적인 해상 기동훈련에 참가하고 있었다. 나는 선두 전함에 소속되어 야간이 되자 함교에서 감시 임무를 맡고 있었다. 안개가 너무 짙어 시야가 불분명했고, 이 때문에 선장은 모든 활동을 감시하기 위해 계속 함교에 남아 있어야만 했다.

완전히 어둠이 깔렸을 때 함교의 앞쪽에 근무하던 감시병이 다음과 같이 보고하였다.

"우현 이물 쪽에 빛이 보입니다."

"불빛은 가만히 있는가, 아니면 고물 (배 뒷전) 쪽으로 움직이고 있는가?" 하고 선장이 소리쳤다.

감시병은 "움직이지 않습니다. 선장님" 하고 대답하였다.

이는 우리 배가 그 배와 충돌할 수 있는 위험한 코스에 들어와 있음을 의미하는 것이었다.

그러자 선장은 신호수에게 소리쳤다.

"저쪽 선박에 충돌 코스에 들어와 있다고 신호를 보내라. 그리고 항로를 20도 방향으로 바꾸라고 지시하라."

저쪽에서 신호가 되돌아왔다.

"여러분들이 항로를 20도 바꾸시오." 라는 연락이었다.

선장은 "건방진 소리! 도대체 어떤 녀석이야? 내가 누군지 몰라서 그러는구만. 함장의 명령이라면 기절초풍하겠지?"

그래서 다시 신호를 보냈다.

"나는 함장 호레이쇼 혼블로워다. 즉각 우현 20도로 항로를 변경하라" 라고 명령하였다.

신호가 되돌아왔다.

"저는 이등 항해사 칼 존즈입니다. 선장님께서 항로를 20도로 변경하는 게 좋겠습니다. 이건 명령입니다." 라는 응답이 돌아왔다.

그러자 선장은 매우 화가 나서 소리쳤다.

"뭐야? 수병인 주제에 명령을? 함장인 내게? 믿을 수가 없군. 저 녀석들에게 여기는 전함이고 안 비키면 박살내겠다고 전해."

다시 신호를 보냅니다.

"여기는 무적의 미주리호, 제7함대 모함이다. 당장 진로를 20도로 변경하라."

조명 빛과 함께 다시 응답이 돌아왔다.

"여기는 등대입니다." 라고.

우리는 즉시 항로를 변경하였다.

여기서 선장이 경험한 (이 얘기를 읽으면서 우리도 경험한) 패러다임 전환은 주어진 상황을 완전히 다른 각도에서 보도록 바꾸어 놓는다.

우리는 제한된 지각 때문에 실체를 제대로 파악하지 못한다. 그런데 이 실체의 파악은 안개 속의 선장의 경우처럼 우리가 일상적인 삶을 이해하는 데 매우 중요한 요소가 아닐 수 없다.

원칙은 등대와 같다.

따라서 이것은 파괴될 수 없는 자연법칙이다. [참조 3]

다시 한번 우리의 목적을 상기해 보자.

"왜, 아이들은 똑같은 계산 실수를 반복할까?"

······

위에서 우리 뇌의 장기기억은 더 이상의 입력시스템이 없다고 했다.

그리고 불행하게도 여러분은 우리 뇌가 작동되는 메카니즘을 절대로 바꿀 수 없다. 그것은 우리 뇌의 원칙이고, 유일한 해결책은 우리가 생각의 패턴을 바꾸는 것뿐이다.

긍정의 힘으로
능률적인 두뇌를 만들자!

아래의 상황을 잘 읽어 보고 교훈을 얻을 수 있겠는가?

상황 (1) 아이가 수학시험지를 가지고 왔다. 계산 실수로 점수가 자그마치 20점이나 떨어졌다. 어머니께서는 화가 단단히 나셔서 아이를 다그치신다. "이렇게 쉬운 것을 또 틀려 왔니? 내가 너 때문에 못 살겠다. 정말~~. 이거 얼마야? 빨리 말 안 해? 얼마야! 얼마?" 아이는 당황해서 우물쭈물 대답을 못 한다. 어머니는 더욱 더 화가 난다. "빨리 말 안 해? 이것도 몰라? 이거 얼마야!" 불쌍한 아이는 눈물만 뚝뚝 흘리고 선뜻 대답을 못 한다. 애처롭게도 아이의 얼굴은 백지장처럼 하얘졌다. 더 심각한 것은 아이가 공포 (엄마의 추궁)를 느낀, 바로 그 순간부터 아이 뇌의 신피질 (이성의 뇌)은 작동을 멈춘다는 사실이다. 이제부터는 위험한 상황에 즉각적으로 대처하여 우리를 위기로부터 구출해 줄 감성의 뇌 (구포유류의 뇌) 혹은 본능의 뇌 (파충류의 뇌)가 활동을 시작하는 것이다. 모든 이성적인 생각을 할 수 없게 되고, 장기기억에 입력된 대로만 틀림이 없이, 즉각 반응을 하게 되는 것이다. 그러니 아이는 우물쭈물하다가 저도 모르게 틀린 답을 또 말하게 되고, 엄마의 혈압은 더 높아갈 뿐인 것이다. 결과는, 며칠간 어머니와 아이는 서먹서먹한 관계가 지속되고, 아이는 어머니와 말도 섞으려 하지 않는다. 심지어 눈도 마주치려 하지 않는다. 어머니는 세상 살 맛이 안 나고, 아이의 수학성적은 계속해서 떨어질 것이다.

상황 (2) 아이가 수학시험지를 가지고 왔다. 계산 실수로 점수가 자그마치 20점이나 떨어졌다. 어머니께서는 화가 단단히 나셨지만, 꾹 참고 상냥하게 물어보신다. "엄마 생각에는 네가 아는 것을 틀린 것 같구나. 이거 다시 풀어 볼래?" 아이는 정확한 대답으로 실수라는 것을 어머니께 증명한다. 아이가 긴장을 느끼지 않았기 때문에 신피질 (이성의 뇌)이 이론적으로 다시 계산을 한 덕분이다. "시험 보면서 많이 긴장한 모양이구나? 다음에 수학시험 볼 때에는 지금처럼만 차분

하게 풀어 봐~." 아이는 수학시험지를 받고 걱정이 태산 같았는데, 자신을 믿어 주고 격려해 주시는 어머니 덕분에 행복해진다. 역시 우리 어머니가 최고라고 생각한다. 부엌에서 설거지도 도와 준다. 어머니는 세상 살 맛이 나고, 아이의 수학성적은 계속해서 향상될 것이다.

사실일까? 이 말을 믿어도 될까?

나름 최고의 샘이라고 자부하면서 지난 30년간 아이들을 지도했다. 고민하고 고민하며 시행착오를 거듭하면서 경험으로 체득한 것이다.

아이들이 계산을 틀렸을 때, 샘이 이것도 못 하냐며 화를 내면서 다시 풀도록 하면, 아이는 더욱 더 틀리게 된다. "너라면 이 정도는 충분히 할 수 있었을 텐데……" 하면서 다시 풀도록 하면 샘이 설명해 주지도 않았건만, 아이는 정답으로써 샘이 자신을 인정해 준 것에 대한 증명을 한다. 특히 감수성이 예민한 아이들일수록 더 큰 영향을 받는다.

도대체 왜 그럴까? 이유를 찾아보았다. 평상시라면 계산 문제는 이성의 뇌인 신피질 (특히 좌뇌)에서 담당을 하게 된다. 그러나 뇌가 위급상황으로 인식을 하게 되면, 이성적 추론 대신 평소에 입력된 대로 반응을 하게 된다. 즉 매뉴얼대로 행동하게 된다는 말이다.

그렇다면, 우리 뇌의 매뉴얼은 무엇일까?

바로 장기기억이다!

즉 위급상황에서는 장기기억에 입력이 된 대로만 반응하게 된다는 것이다. 만일 이때 장기기억에 설령 잘못된 정보가 입력되어 있었다 하더라도, 우리의 뇌는 전혀 개의치 않고 입력된 대로만 즉각적으로 반응을 한다는 말이다. 옳고 그름을 판단할 이성의 뇌가 이미 활동을 멈추었기 때문이다.

심각한 상황이 아닐 수 없다.

지금 학창 시절로 마음의 여행을 떠나서, 아래의 상황을 상상해 보시라!

지금 아이들이 교실에서 수학시험을 보고 있다. 익숙한 그림이다.

샘은 교단 앞에서 엄숙한 표정으로 주의사항을 일러 주신다.

일종의 경고인 셈이다. 가벼운 긴장감이 스치고 지나간다. 이윽고 시험지를 나누어 준다. 시험지를 뒤로 돌리는 소리가 사각사각 들리기 시작하면, 교실 전체에는 스멀스멀 긴장감이 감돈다. 샘이 잊지 않고 다시 한 번 경고를 하신다.

"시험지 덮어 놔! 시작 벨이 울리기 전까지는 절대로 펴지 마!" 아이들은 묵묵히 지시를 따른다. 하지만 기분은 이미 꽝이다.

시작 벨이 울리고, 다시 한 번 경고를 한다. "고개 돌리지 마, 고개 돌리면 부정행위로 빵점이야, 빵점!"

모든 아이들이 뭣(?) 같은 심정으로 고개조차 돌리지 못한 채, 시험지에 코를 박고 무언가 열심히 끄적거리고 있다. 덩달아서 긴장감이 고조된다. 가끔 어려운 문제가 튀어나올 때는 시험을 망칠까 불안감마저 엄습한다. 시간 안에 문제를 다 풀지도 못할 것 같다는 생각이 들면 초조함은 극에 달한다. 뇌에서는 긴급 상황임을 알리는 벨소리가 요란하다. 머리가 터지기 일보직전이다. 대뇌피질(신피질)이 극심한 스트레스로 하위 시스템들을 더 이상 제어하지 못하는 상황이 발생한 것이다. 더 이상 이성적인 추론이 불가능해지고, 매뉴얼대로 반응을 하게 된다.

그리고 그 결과는? 역시, 역시나 우리 뇌의 매뉴얼은 훌륭하다! 자로 잰 듯이 정확하다. 옳게 입력되었던 정보들은 99% 맞았고, 옳지 않게 입력되었던 정보들은 99% 틀렸다.

인간의 사고는 수십억 개의 정보라는 점 (뉴런=신경세포)들이 날줄과 씨줄(시냅스)처럼 얽히고 설키는 연결과정에서 만들어 내는 종합예술이다.

장기기억은 인간이 이성적인 추론을 할 때에 다른 점들과의 연결을 통하여 꼭 필요한 정보가 되어 주기도 하지만, 위급상황에서는 단지 하나의 점일 뿐이다. 다른 점들과 연결되지 못한 외롭게 고립된 점! 더 이상 이성적 추리를 할 수 없으므로, 당연히 올바른 계산도 할 수 없게 된다.

문제는 아이들은 누구나 시험이라는 압박감 때문에 급해지고 초조해진다는 사실이다.

그렇다면, 아이들이 시험을 볼 때에도 여전히 이성의 뇌를 잘 작동시킬 수 있는 방법은 없을까? 없다면 책을 쓰지도 않았다.

지금 행복한가? 지금 즐거운가? 만일 그렇다면 이성의 뇌가 제대로 활동을 할 것이다.

왜냐하면 당신이 행복하다면, 본능과 감성의 뇌는 지금 스스로 즐거운 기분을 만끽하고 있을 테니까! 본시 본능의 뇌가 편하자고 감성의 뇌를 진화시킨 것이고, 또 얘들이 모여서 더 편하자고 이성의 뇌를 진화시킨 것 아니겠는가?

따라서 위급한 상황이 아니면 얘들은 이성의 뇌를 간섭하지 않는다! 인간이 평소에 이성적인 판단을 할 수 있는 것은 이러한 원칙 때문이다. 그러므로 얘들에게 최소한 스트레스를 주지는 말자. 더 좋은 방법은 할 수만 있다면 얘들을 즐겁게 해 주는 것이다.

좋은 소식이 하나 있다!

우리의 뇌는 현실과 상상을 구분하지 못한다.

그러니까…… 다소 기분 나쁜 일이 있었다 할지라도, 당신이 행복한 상상을 하기만 하면, 뇌는 곧바로 행복 물질을 뿜어내며 [자뻑질]을 한다는 것이다.

참으로 다루기 쉬운 놈들이다.

그리고 또 한 가지는, "만일 이성의 뇌로 계산을 했다면, 원숭이가 아닌 한 아이들이 셈을 틀릴 이유가 없다!"는 것은 샘의 오랜 신념이다.

따라서 계산을 할 때에 행복한 기분을 유지한다면, 이성의 뇌인 신피질 (특히 좌뇌)에 대하여 고참들 (뇌간과 변연계)이 간섭을 덜 하게

됨으로써, 아이들은 수학 시험에서 보다 이성적으로 올바른 답을 계산할 수 있게 된다는 말이다.

"삶이 행복하고 하루하루가 즐거운 고참은, 신병에게 얼차려 시킬 짬이 없다."

"머릿속에는 온통 즐거운 상상이 가득할 테니까!"

고참의 행복지수와 병영 내의 폭력지수는 반비례하지 않을까?

*행복이란 무엇일까?

노스캐롤라이나 대학의 유명한 행복 전문가 바버라 프레드릭슨 Barbara Fredrickson은 행복과 관련된 가장 보편적인 열 가지 감정을...

1. 기쁨 joy
2. 감사 gratitude
3. 평온 serenity
4. 관심 interest
5. 희망 hope
6. 자존심 pride
7. 즐거움 amusement
8. 영감 inspiration
9. 경외심 awe
10. 사랑 love 이라고 규정했다.

10년 연속 하버드대학의 인기 강좌 1위는 다름 아닌 '행복학'이었다. 숀 아처 교수는 그의 저서 [행복의 특권]에서, "행복의 기반은 긍정적인 감정 상태이다. 일부 전문가들은 행복이라는 말 대신 긍정적 감정 positive emotion 이나 긍정성 positivity 이라는 말을 더 즐겨 사용한다. 본질적으로 행복이라는 말과 같은 뜻이지만 좀 더 구체적이고 현실적인 느낌을 주기 때문이다."라고 밝혔다.

결국 긍정적인 마인드가 중요하다는 이야기이다. 마더 테레사 수녀님께서는 긍정적인 마인드의 중요성에 대하여 이렇게 말씀하셨다.

"난 절대 전쟁 반대 운동에 참여하지 않아요. 평화 운동이 있다면, 초대해 주세요." [마더 테레사]

"여러분이 전쟁 반대 주의자라면, 평화주의자가 되세요."
"여러분이 가난 퇴치 주의자라면, 식량 생산 전문가가 되세요."
"만일 어떤 정당을 반대한다면, 상대 정당의 지지자가 되세요."
반대를 위한 반대는 당신의 뇌를 병들게 합니다!

* 긍정적인 두뇌를 만들어 보자!

감사한 일을 떠올리면 두뇌가 능률적으로 작동한다. 그렇다면 아이들이 항상, 심지어 시험을 볼 때에조차 '행복감' 혹은 '즐거운 기분'하다 못해 '편안한 느낌'을 느낄 수 있게 하는 방법은 무엇일까?

다시 한 번 '숀 아쳐 Shawn Achor' 교수의 이야기를 들어 보자.

긍정적인 상태의 두뇌는 부정적이거나 중립적, 혹은 스트레스 받은

상태의 두뇌보다 훨씬 더 잘 움직입니다. 지능과 창의력은 올라가고, 더 에너지가 넘치게 되죠. 그 결과로,

1. 31% 더 생산적입니다.
2. 세일즈맨은 37% 더 판매실적이 늘어나고,
3. 의사는 옳은 진단을 내리는 데에 19% 더 빠르고 정확해집니다.

만약 우리가 지금 당장 긍정적인 사람이 되는 방법을 알아낸다면, 우리 두뇌는 더더욱 성공적으로 작동하게 되고, 더 열심히, 더 빠르게, 더 지능적으로 일할 수 있게 됩니다.

그것은 도파민 때문입니다. 여러분이 행복을 느낄 때 몸 속에 가득 넘치는 그런 물질인데요, 두 가지 기능을 가지고 있습니다. 단순히 더 행복하게만 만들어 주는 것이 아니라, 두뇌의 모든 학습 장치를 잘 작동하게 만들어 주어, 여러분이 다른 방식으로 세상을 받아들일 수 있도록 합니다.

저희는 또한 두뇌를 좀 더 긍정적으로 만드는 방법을 알아냈습니다. 21일 동안 연속적으로 2분만 쓰신다면, 여러분의 두뇌가 더 최적의 상태로, 더 성공적으로 움직일 수 있도록 바꿀 수 있습니다. 저희는 이것을 제가 같이 일했던 모든 회사에서 적용해 보고 연구해 보았습니다.

21일 연속적으로 매일매일, 여러분이 감사함을 느낀 세 가지 일을 적게 하는 겁니다. 매일 다른 것으로요. 21일 후, 그들의 두뇌는 부정적인 시각이 아닌, 먼저 긍정적으로 세상을 바라보는 경향을 유지하게 됩니다. 24시간 안에 겪었던 긍정적인 일을 한 가지 생각해 봄으로써 두뇌가 머릿속에서 한 번 더 겪어볼 수가 있도록 하는 것이죠. 이런 연습을 통해 두뇌를 단련시키고, 행동을 바꿀 수 있습니다.

저희가 알아낸 것은 이 방법을 통해, 한번에 여러 가지 일을 동시에 하려는 시도로 인해 발병되는 '주의력 결핍 및 과잉 행동 장애'를 극복해낼 수가 있고, 우리를 당장 손 안에 있는 일에 집중할 수 있도록 도와 준다는 것입니다.』

[참고] Shawn Achor_ The happy secret to better work

당연히 궁금해진다. 단 21일 동안, 딱 2분간, 감사한 일 세 가지를 적으라고? 그리고 겨우 그걸로 효과가 있을까?

궁금한 것은 절대로 못 참는다. 그래서 실천해 봤다. 입시를 앞두고 긴장감이 고조에 달해 있는 고3 학생들에게 아래의 '감사한 마음 갖기' 표를 노트로 만들어 주고 매일매일 감사한 일 세 가지를 생각해서 적도록 하였다.

감사한 마음 갖기	월 일
1. 24시간 동안 감사했던 일 3가지 찾아서 적기	
(1)	
(2)	
(3)	
2. 하루 한 번이라도 친구나 가족의 이야기를 귀담아 들어 주기!	
3. 하루 한 번이라도 친구나 가족을 진심으로 격려해 주기!	

결과는 대만족이었다.

심지어 '주의력 결핍 및 과잉 행동 장애'도 극복해낼 수 있다고 하지 않는가?

그러니 무조건 실천해 볼 일이다. 아이는 물론이고 여러분 사신도! 밑져도 이익인 장사가 아닌가?

웃을 일 별로 없는 콘크리트 사회에서, 최소한 감사한 일을 떠올려 보는, 그 순간만이라도 미소를 지을 수 있다면! 요렇게! ^^*

주의할 점 한 가지

매일매일 다른 것을 생각해서 적어야 한다.

힌트 한 가지

적을 게 도저히 생각이 나지 않으면 "세상을 볼 수 있는 건강한 눈이 있다"는 것에 감사한다고 적는 것도 좋다. 또는 "튼튼한 두 다리에 감사한다" "손가락이 온전하게 5개 있는 것에 감사한다"도 좋다. 세상에는 우리가 너무나도 당연하게 생각하는 것이 없어서 불편한 이들도 무척 많다.

헬렌 켈러 여사의 이야기는 누구나 다 아실 것이다. 그 분은 신체의 여러 부분들이 불편한 상태로 태어났다. 비뚤어진 성격의 어린아이였던 헬렌은, 셜리반이라는 희생적인 선생님의 지극한 관심과 사랑에 감동을 느낀 후, '감사하는 삶'의 자세에 대하여 공감한다. 이후 헬렌은 평생을 세상의 온갖 것들에 감사하며, 좋은 일을 많이 하면서 행복하게 살다 갔다. 보통 사람 못지 않은 특별하고 훌륭한 삶을 살다 간 것이다.

그래도 여전히 풀리지 않는 의문이 있을 것이다. 샘도 이미 짐작하고 있다.

"그래서, 뭐?" "정말 저렇게 하기만 하면, 우리 아이가 더 이상 계산 실수를 안 하게 되는 거야?"

안타깝게도 많은 계산 실수를 줄일 수 있겠지만, 그렇지 못하는 경우도 더러는 있다!

그 이유는 이렇다.

누구나 셈을 처음 배울 때에는, 손가락을 꼽아가면서 열심히 세어도 어려운 것이 셈이다. 이때는 당연히 신피질의 활동이 왕성하다. 그러나 일단 셈에 익숙해지기 시작하면, 간단한 수는 보자마자 답을 알아차린다.

같은 셈을 거듭해서 반복하면 반복할수록, 우리 뇌의 전전두엽에는 장기기억이라는 껌 딱지가 하나씩 하나씩 들러붙는 것이다. 실로 엄청난 횟수를 반복해야 해마가 장기기억으로 정착을 시키겠지만, 일단 장기기억으로 자리를 잡으면, 그만큼 아이는 머리를 쓸 일이 줄어든다.

생각해 보라.

머릿속에서 답이 툭 튀어나오는데 일부러 다시 계산을 할 만큼 어리석은 아이가 있겠는가? 그래서 그렇게 전전두엽에는 껌 딱지가 하나하나 점점 더 늘어난다. 마침내 아이는 모든 계산 과정에서 이성의 뇌(특히 좌뇌)를 더 이상 쓰지 않아도 되는 경지에 이르게 된다.

즉 초등학교 4, 5, 6학년 정도가 되면, 계산 문제를 풀 때 (응급상황이 아님에도 불구하고) 무의식 중에 장기기억이 툭 튀어나와 모든 계산을 마무리하는 상황에 이르는 것이다.

좋은 점은?

엄청나게 계산 속도가 빨라진다는 것이다. 생각이나 셈을 할 필요가 없으니까……

더 좋은 점은?

만일 정보가 올바르게 입력이 되었다면 99% 정확하다는 것이다.

그렇다면 나쁜 점은?

짐작하셨겠지만, 만일 정보가 올바르지 않게 입력이 되었다면, 그 패턴의 문제들은 모조리 틀린다는 것이다!

예를 들어, '6+8'을 어떤 아이의 해마가 '13'으로 잘못 기억시켰다면, 그 아이는 '6+8'의 조합이 포함된 모든 문제에서 틀리게 된다는 것이다.

상상만으로도 끔찍한 일이다.

그렇지만 교실에서는 아주 흔히 일어나는 일이기도 하다.

혹시라도 아이가 어렸을 때 구구단을 중얼거리는 것이 하도 신기해서, 일가 친척이나 이웃 사람들에게 자랑도 하고, 가끔 틀리게 외워도 바로잡아 주지 않고, 그만하면 기특하다고 가볍게 웃어 넘기신 기억이 있다면, 지금 즉시 아이가 제대로 외우고 있는지 다시 한 번 확인해 볼 일이다.

이것은 절대로 미룰 일이 아니다.

그리고 확인하는 요령이 더 중요하다.

아주 빨리 외우게 하는 것이다.

천천히 생각할 짬을 주어서는 소용이 없다.

아이와 함께 구구단 게임을 한다면 더욱 빨리 알아낼 수 있을 것이다.

만일 아이가 구구단에서 일부를 잘못 외우고 있다면, 아이의 뇌는 덧셈과 뺄셈에서도 일부 패턴을 잘못 기억하고 있을 확률이 높아진다. 바로 이러한 경우에는 '긍정적인 마인드'로 편안한 느낌을 가지고 시험을 본다고 할지라도, 계산 실수를 줄이기에는 역부족이라는 것이다.

아니 더 정확하게 말하자면, 계산 실수는 틀림없이 줄었을 것이다.

하지만 해마가 잘못 입력시킨 '잘못 저장된' 장기기억은, 이미 해마의 품을 떠났고, 장기기억의 창고에는 입력시스템이 없기 때문에 '잘못 저장된' 정보를 바꿀 방법이 없다는 것이 문제인 것이다.

그렇다고 해서 실망하긴 아직 이르다.

그래서 다른 방법을 마련했으니까.

이것은 99% 확실한 방법이다!

프로그램을 고칠 수 없다면,
새 프로그램을 깔아라!

* 좌뇌와 우뇌는 서로 다른 패턴으로 생각한다. 때문에 다른 패턴으로 생각하면, 해마도 다른 패턴으로 기억을 시킨다.

생각의 패러다임을 바꾸라는 말이다. 다행히 우리의 뇌는 하나가 아니다. 좌뇌와 우뇌, 즉 2개의 각기 다른 패턴으로 생각하는 뇌로 나뉘어 있고, 바로 여기에 두 번째 해결책이 있다. 그리고 이 해결책은 99% 확실한 방법이다.

또한 이를 실천한 아이들은 더 이상 똑같은 계산 실수를 반복하지 않을 뿐만 아니라, 가장 소중한 인생의 덕목을 덤으로 선물 받게 될 것임을 믿어 의심치 않는다. **그러나, 응급처방이 아니므로 꾸준한 노력과 인내심이 꼭 필요하다.**

진정한 성장과 발전은 하루아침에 이루어지지 않는 것이니까!

먼저 좌뇌와 우뇌의 각기 다른 기능과 패러다임에 대한 이해를 돕기 위해, 유명한 뇌의학 전문가 '질 볼트 테일러Jill Bolte Taylor' 박사가 2008년 TED에서 강의한 내용을 소개한다.

인간의 뇌를 보신 적이 있다면, 두 개의 반구가 서로 완전하게 분리되어 있다는 것을 아실 것입니다. 여러분을 위해 진짜 인간의 뇌를 가지고 왔습니다. 이것은 진짜 인간의 뇌에요. 이 부분이 뇌의 앞부분이고, 뇌의 뒷부분에는 척수가 늘어져서 머리 안에 이렇게 위치해 있습니다. 뇌를 보시면, 두 개의 뇌 외피가 완전히 서로에게서 분리되어 있는 것을 아시겠지요? 컴퓨터를 이해하시는 분들은 우리 뇌의 오른쪽 뇌가 병렬 처리 프로세서처럼 기능하고, 왼쪽 뇌는 직렬 처리 프로세서처럼 기능한다고 이해하시면 됩니다.

두 개의 반구는 서로 뇌량을 통해 커뮤니케이션을 합니다. 뇌량은 약 3억 개의 축색섬유로 이루어졌습니다. 그러나 그 이외에는, 두 개의 반구는 완전히 분리되어 있습니다. 두 개의 반구가 서로 다르게 정보를 처리하기 때문에, 각 반구는 다른 것들에 대해 생각합니다. 다른 것들에 관심을 기울이지요. 말하자면, 서로 무척이나 다른 성격이라고 할 수 있습니다.

-중략-

오른쪽 뇌는 그림으로 생각합니다.

-중략-

왼쪽 뇌는 아주 다른 곳입니다. 지속적인 뇌 수다쟁이이며, 계산하는 지성이기도 합니다. [참조 4]

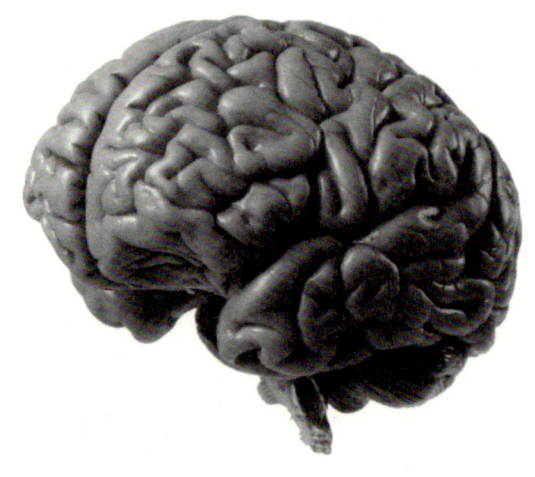

장기기억은 해마가 입력시킨 정보대로만 즉각 반응한다는 원칙은 절대로 변하지 않는다.

마치 물이 아래로 흐르는 성질을 멈출 수 없는 것과 같다.

그렇지만 아예 방법이 없는 것은 아니다.

우리 조상들은 봄이 되면 저수지의 물꼬를 터서 논을 적셨다. 이 논에서 저 논으로 물꼬를 바꾸어 가면서…… 거기에 해답이 있다. 물꼬를 바꾸면 물은 바뀐 물꼬를 따라 여전히 아래로 흐른다. 물이 높은 곳에서 낮은 곳으로 흐른다는 성질 (원칙)이 변한 것은 아니지만, 우리 조상들은 물꼬를 바꿈으로써 원하는 곳으로 쉽게 물을 댈 수 있었던 것이다.

지금은 컴퓨터 시대이다. 낡은 프로그램은 밀려나고, 그 자리에는 새 프로그램이 자리한다. 어제까지 각광받던 프로그램이 오늘은 새 프로그램에게 자리를 내주는 것이다. 바뀌는 속도도 점점 더 빨라지고 있다.

우리의 뇌는 컴퓨터처럼 작동한다고 한다. 그리고 좌뇌와 우뇌는 작동 시스템이 서로 다르다고 한다. 게다가 서로 다른 것들에 대해 생각한다고도 한다. 좌뇌는 계산과 언어를 담당하는 반면, 우뇌는 그림으로 생각을 한다는 것이다. 여기에 해답이 있지 않을까?

이제까지 아이가 좌뇌로 계산을 하면서, 수많은 시행착오를 반복했던 경험들을 해마가 장기기억으로 입력할 때, 일부의 패턴이 잘못 입력되었다면……

앞에서 살펴본 것처럼 어지간한 노력으로는 입력된 정보를 바꾸기 힘들다. 그렇다면 차라리 입력하는 패턴을 바꾼다면 어떨까? 즉 왼쪽 뇌로 계산을 하지 말고, 오른쪽 뇌로 계산을 한다면 해마는 다른 패턴으로 인식할 것이 아닌가?

당연히 그렇다! 신기한 것은 해마도 좌반구와 우반구로 나뉘어 있다는 것이다. 즉 해마는 오른쪽 뇌에서 받아들이는 정보와 왼쪽 뇌에서 받아들이는 정보를 서로 다른 패턴으로 인식을 한다는 것이다! 아무래도 인류는 축복받은 존재임이 분명하다.

문제는 과연 [인간이 오른쪽 뇌로 계산을 하는 것이 가능한가?]이다.

물론, 가능하다!

더구나 우리 주변을 잘 둘러보면 많은 아이들이 이미 오른쪽 뇌로 계산을 하고 있는 것을 쉽게 볼 수 있다. 대부분의 이 아이들은 또래에 비하여 3배에서 10배까지 빠르게 계산을 한다. 그렇다고 엉터리로 계산을 하는 것도 아니다. 정답률도 거의 99%이다.

고개를 갸우뚱하시는 분들도 계실 것이고, 이미 짐작을 하신 분들도 계실 것이다.

그렇다. 그것은 바로 **'주산·암산'** 이다.

"에이~ 겨우 주산!"...... 이라고 가볍게 생각하지 마시라!

처음 주산을 배울 때에는 좌뇌로 계산을 하던 아이들도, 주판알을 자주 접하면서 자연스럽게 숫자를 주판알의 모양으로 인식을 하게 된다. 그림으로 생각을 한다는 말이다.

당연히 우뇌가 활동을 하는 것이다.

마침내 암산을 척척 하는 단계가 되면, 상상만으로 주판알을 머릿속에 쉽게 그려 내게 된다. 일 단위에서 십 단위, 백 단위, 천 단위, 만 단위 혹은 그 이상의 수들을 통으로 척척 계산을 하게 된다.

좌뇌로 계산을 할 때에는 상상도 할 수 없던 일들이, 우뇌로 계산을 할 때에는 현실이 되는 것이다.

그러나 우리에게 소중한 모든 것들이 그러하듯, '주산암산'도 쉽게 성취하지는 못한다.

적어도 2년 정도의 훈련 기간을 필요로 한다. 그리고 재미없는 공부를 꾸준히 하기 위한 '인내심과 끈기'는 필수 조건이다. 그러므로 그 기간을 버텨 내지 못하고 중도에서 포기하는 아이들도 많다.

그러나 그 기간을 온전히 감내하고 이겨낸 아이들은 실로 엄청난 특권을 선물로 받게 된다.

그 특권들은 -

1. 또래에 비해 월등하게 셈이 빠르고 정확해진다. 엄마, 아빠는 물론 샘들보다도 뛰어난 계산 실력을 뽐내는 아이들은 부지기수이다.

2. 계산 실력을 뽐내고 싶어서라도 수학 시간이 기다려진다. 수학 공부가 싫지 않고, 오히려 흥미와 관심의 대상이 된다는 말이다.

3. 우뇌로 계산을 하면서 늘 우뇌를 단련하다 보니, 당연히 우뇌가 발달한다. 우뇌로 생각하는 상상력, 창의력 등도 덩달아 발달한다. 그뿐만이 아니다. 거의 모든 학습영역에 관여하는, 해마의 크기도 또래에 비하여 훨씬 커지고 발달한다. [참고 5]

4. '인내심과 노력'은 모든 성취의 필수 조건이다. '인내심과 노력'이라는 이름의 무장을 하고, 적어도 2년이라는 기간을 온전히 감내하고

마침내 이겨낸 아이들만이 암산을 잘할 수 있는 것이다. 이 아이들은 앞으로의 인생에서 마주치게 될 '시련'이라는 바이러스에 대항할 수 있는, 유일한 항체인 '의지력'을 미리 예방 접종한 것이다.

* 이 모두가 돈을 주고도 절대로 살 수 없는 소중한 것들이다!

그러나, 주산암산 교육을 하찮게 생각하는 이들은 또 다른 트집을 잡을 것이다.

"샘, 다른 것은 그렇다 쳐도 '인내심과 끈기'가 무어 대수라고 그리 생색을 내세요?"라고 생각하신다면 크나큰 오산이다.

'의지력'은 학생들의 학업 성취도 측면에서 지능지수(IQ)보다 더 큰 영향을 미치는 가장 강력한 열쇠이다! 그리고 '인내심과 끈기'가 바로 그 '의지력'을 길러 준다.

'의지력이 아이들의 미래에 미치는 영향'에 대한 이해를 돕기 위하여, 찰스 두히그Charles Duhigg 저, [습관의 힘THE POWER OF HABIT]에서 발췌했다.

　　많은 연구에서 밝혀졌듯이 의지력은 개인의 성공을 결정하는 데 가장 중요한 핵심 습관이다. 2005년에 발표된 한 연구에서 펜실베니아 대학교의 연구진은 중학교 2학년생 164명을 대상으로 지능지수와 의지력, 자제력 등 여러 요인을 측정하고 비교 분석했다.

　　그 결과를 보면 의지력이 높은 학생들이 상대적으로 좋은 성적을 받았고 능력에 따라 학생을 뽑는 선발제 학교의 입학 허가를 받는 확률이 높았다. 그런 학생들은 결석률이 낮았고 텔레비전 앞에서 보내는 시간은 적은 반면에 숙제에 할애하는 시간은 많았다. 연구진의 결론에 따르면 자제력이 강한 청소년이 지능지수가 높은 청소년보다 꾸준히 성적이 향상될 확률이 높다. 따라서 **지적 능력보다 자제력이 학문적 성과에 더 큰 영향을 미친다**고 할 수 있다.

또, 1960년대 스탠퍼드 연구진이 네 살배기 아이들을 대상으로 의지력을 실험한 적이 있다. 이 실험에 참가한 아이들에게 마시멜로를 비롯해 먹음직한 것들이 주어졌다. 연구자는 아이들에게 마시멜로 하나를 즉시 먹을 수도 있지만, 15분을 기다리면 마시멜로 2개를 먹을 수 있다고 말하고는 실험실을 나갔다. 몇몇 아이는 유혹을 견디지 못하고 연구자가 방을 나가자 곧바로 마시멜로를 먹었다. 약 30퍼센트가 욕망을 꾹 눌러 참고, 연구자가 다시 돌아왔을 때 2개의 마시멜로를 보상으로 받았다. 수년 후, 연구자들은 실험에 참가한 아이들을 추적하기 시작했다. 모두가 고등학교에 재학할 나이였다. 연구자들은 아이들에게 학교 성적과 SAT(미국 수학능력 시험) 점수를 묻고, 친구 관계를 유지하는 능력과 중요한 문제에 대처하는 능력 등을 조사했다. 그 결과를 보면 네 살 때 순간적인 만족감에 대한 충동을 가장 오랫동안 억제했던 아이들이 학교 성적이 가장 좋고, SAT 점수도 다른 아이들에 비해 평균 210점이나 높다는 사실을 확인할 수 있었다.

의지력의 힘! 새삼 놀랍지 아니한가?

만일 여러분이 아이에게 '인내심과 끈기'라는 인생의 덕목을 심어 주어, '의지력'을 선물하고 싶으시다면……

그리고 '소망하는 것에 집중하고 구체화시키면, 마침내 꿈은 현실이

된다(주산에서 암산으로)'는 믿음을 심어 주고 싶으시다면,

'주산암산' 교육에 주목해 보시길 바란다.

**단언컨대, 주산·암산은 인류가 개발한 '최고의 계산 방법'이다.
그리고 '최고의 우뇌계발 프로그램'이면서,
동시에 '최고의 의지력 향상 프로그램'인 것이다!
더 바랄 것이 있는가? 더 바란다면 그건 욕심이다.**

그러나 단점도 있다! 성취 기간은 아이들이 감내하기 힘들만큼 길고, 만일 암산을 제대로 익히기 전에 중도에서 포기를 한다면 다시 처음부터 좌뇌로 계산을 하여야 한다. 당연히 "에이! 주산암산 헛배웠네~." 하게 되는 것이다.

오늘날 주산·암산 교육의 필요성을 적극적으로 지지하는 사람들도 많지만, 여전히 주산·암산 교육의 필요성에 회의적인 사람들도 많다. 그들의 대부분은 바로 이렇게 중도에서 암산공부를 포기한 아이들이었거나, 그 부모님들 혹은 그들로부터 "주산 배워서 소용 없었다."는 이야기를 전해 들은 이들일 것이다. 인간은 정보 없이 섣불리 판단하지 않으니까......

마치 이솝 우화에서 포도를 따 먹으려고 점프를 시도하던 여우가 포도를 딸 수 없게 되자, 마침내는 포도를 먹어 보지도 않고 '저 포도는 틀림없이 맛이 없는 신 포도일 거야!' 라며 자기 위안을 하는 것과 같은 이치이다.

그러나 현명한 사람들은 어떠한가? 그 포도를 따서 맛있게 먹고 덤

으로 와인까지 만들어 내지 않는가?

  여우 입장에서 보면 안타까운 일이 아닐 수 없지만, 소중한 것들은 그만큼 얻기도 힘든 것이 변하지 않는 세상 이치인 것이다!

  다음 장을 읽어 보시기 전에, 딱 한 가지만 자문해 보시기를 바란다!

  "내가 만일 그때 그 여우의 입장이었다면, 나는 어떻게 행동을 하였을까?"

습관은 바꿀 수 있다.
장기기억도 그렇다!

'한 방에, 하나씩 목표물을 정확히 제거 One Shoot, One Kill 하는 실력을 자랑하는 '저격수 Sniper'는 오로지 '목표 Target'에만 집중을 한다!

먼저 우리의 목표를 잊지는 않았는가?

"왜, 아이들은 똑같은 계산 실수를 반복할까?"이다.

그리고 그 해결책을 찾는 것이다.

실수를 반복하는 원인은 이미 알게 됐으리라 믿는다. 또 해결책도

앞서 2가지를 제시하였다.

그러나 아직도 여전히 궁금해하실 분들도 계시리라 믿는다.

샘도 그랬으니까! (Me, too!)

아직도 여전히 무언가 찜찜하고, 그야말로 100% 완벽한 해결책을 원하시는 분들은, 주의 깊게 읽어 보시기 바란다.

샘이 십수 년간을 고민하며 연구하고, 많은 아이들에게 직접 체험토록 한 결과, 100% 확실한 해결책, 세상에서 가장 간단한 비법을 공개한다.

무슨 비법이 이렇게 간단하냐고 비웃지 마시라!

세상의 모든 진리는 심플한 법이니까.

예수님께서는 '사랑'을 말씀하셨다.

부처님께서는 '자비'를 말씀하셨다.

참 간단하지만 불변의 진리인 것이다.

게다가 같은 뜻을 달리 말씀하신 것이다.

진리는 이처럼 간단한 것이다!

앞서 우리의 뇌는 끊임없이 재조정된다고 했다. 우리가 경험한 일들에 더욱 더 효과적으로 대응하기 위하여……

그렇다면 해마가 장기기억을 시킨 정보도 재조정할 수 있는가?

그렇다. 장기기억이 작동하는 원칙 (즉각 반응)을 바꿀 수는 없지만, 내장된 정보는 새로운 정보로 대체할 수 있다.

유럽의 오래된 대부분의 도시 특히 로마의 골목길은 마치 미로처럼 좁고 구불구불하다. 옛날에 났던 길 위에 새로운 도시가 만들어졌고, 세월이 흐른 후에 다시 그 길 위에 또 다른 도시가 만들어진 탓이다.

장기기억의 정보를 바꾸는 것도 이와 같은 방법이라면 가능하다. 마치 가난한 화가가 캔버스를 살 돈이 없어서, 자신이 그린 그림 위에, 새로운 그림을 덧칠해서 그리는 것과 같은 이치인 것이다. 물론 쉽지는 않다.

그래서 하버드대의 협상학 전문가 [다이엘 샤피로] 교수와 사회복지학자 [브레네 브라운] 박사, '습관의 힘'의 저자 [찰스 두히그] 이렇게 세 분을 이 자리에 초청했다.

먼저 하버드대 협상학의 권위자 다니엘 샤피로 박사는, 그의 저서 [원하는 것이 있다면 감정을 흔들어라!] 에서 아래와 같이 협상에 있어서의 5가지 핵심 관심에 집중하라고 이야기한다.

(1) 인정
(2) 자율성
(3) 친밀감
(4) 조언
(5) 협력 [참고 6]

다음은 사회복지학 전문가 브레네 브라운 박사의 [수치심과 취약성]

이라는 주제의 TED 강연에서 발췌해 보았다.

"우리가 고통에 몸부림칠 때, 우리가 필요로 하는 단 두 단어는 바로 이것입니다!"

"나도 그래!"(Me, too!) [참고 7]

"Me, too!"는 실로 마법의 언어이다.

아이가 사소한 계산 실수로 형편없는 수학 성적을 받아 왔을 때, 어머니의 반응은 어떠하셨는가? 버럭 화를 내었는가? 또는 사소한 실수라고 웃어넘겼는가?

만일 어머니께서 "나도 너만 할 때에는 그랬었어!"라고 인정하시며, 적절한 대응을 하셨다면, 지금쯤 아이의 수학 성적은 이미 달라져 있을 것이다. 우리는 거기서부터 다시 출발을 하여야 한다.

즉, 어머니가 인정하고 공감하는 말인 "나도 그랬었어!"를 아이에게 건네면, 어머니와 아이의 관계는 야단치고 혼나는 적대적 관계에서, 같은 문제를 가지고 있고, 그것을 같이 해결해 나가야 할 동지적 관계로 순식간에 바뀌게 되는 것이다.

이 세상에서 실수 없는 어린 시절을 보낸 어른이 어디에 있겠는가?

제2차 세계대전의 영웅이며, 영국인들에게 가장 존경 받는 역대 수상, 세계적 명 연설가이었던 처칠도 어린 시절에는 어눌한 말씨 탓에, 부모님으로부터 "똑바로 좀 말해라, 잘 알아들을 수가 없잖니?"라는 꾸지람을 수도 없이 들었다고 한다. 그뿐인가, 글씨도 삐뚤빼뚤 맞춤법도 엉망이라, "글씨 좀 잘 써라, 발로 썼니? 맞춤법은 이게 뭐니? 남들이 웃겠다!"라는 말도 수없이 들으면서 자랐다고 한다. 그러니 아이가 글씨를 좀 못 쓰면, "오, 이 녀석이 처칠을 닮았나 봐? 나중에 큰 인물이 되겠어!"라고 생각을 하시라.

그리고 "엄마도 너 만할 때는 그랬었어!"라고 말해 보라. "사실은 엄마도 그랬었어!"라는 말은 아이의 닫히려 하는 마음의 문을 열어 주고, '그렇다면 나도 앞으로는 잘할 수 있겠네!'라고 생각하게 만들어 준다. 아이에게 스스로 해결해 보려는 의지를 싹 틔우게 해주는 실로 마법의 언어인 것이다.

마지막으로 찰스 두히그Charles Duhigg 저, [습관의 힘THE POWER OF HABIT] 에서 꼭 필요한 핵심 사항, 딱 한 가지를 발췌하여 재구성을 해보았다.

[잘못된 습관을 어떻게 하면 바꿀 수 있을 것인가?] 에 관한 연구 내용을, 간단하게 표로 작성을 한 것이다.

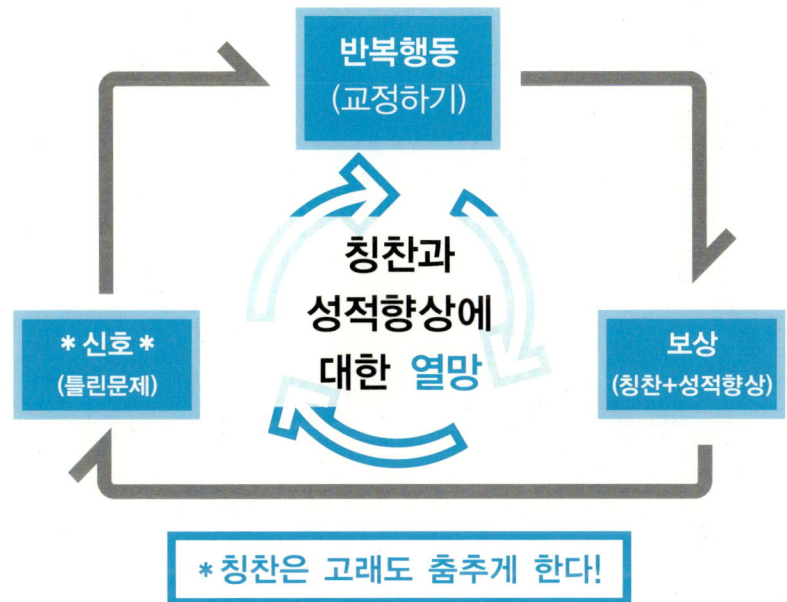

샘은 이것을 [계산 실수를 어떻게 하면 교정할 수 있을까?]라는 관점에서 재구성을 해 본 것이다.

지금 봐선 잘 모른다. 마지막에 이 그림이 다시 등장을 한다.

그때에는 고개를 끄덕이시게 될 것이다.

이찬희 샘의
TARGET 교정 비법!

1. 인정 (공감) 단계:

아이가 실수했을 때 "엄마도 너만 할 때는 그랬었어"라는 인정과 공감의 말을 하라!

대부분의 부모와 자녀는 성적에 관해서는 언제나 적대적 관계이다. 그러나 "사실은 엄마도, 너만 할 때는 그랬었어."라는 인정과 공감의 말을 건네는 순간, 아이는 순식간에 적대적 관계를 버리고 동지적 관계로 인식을 바꾼다. 이제 아이는 어머니의 요구에 기꺼이 협력할 준

비가 된 것이다.

왜?

동지니까!

2. 협력 단계:

동지라면 당연히 서로 협력을 하여야 한다!

아이와 함께 틀린 문제를 주의 깊게 살펴본다. 틀린 패턴을 발견하면, 'Target 교정표'에 기록을 한다.

반복해서 틀리는
덧셈 Target 교정표

+	1	2	3	4	5	6	7	8	9
1	2	3	4	5	6	7	8	9	10
2	3	4	5	6	7	8	9	10	11
3	4	5	6	7	8	⑨	10	11	12
4	5	6	7	8	9	10	11	12	13
5	6	7	8	9	10	11	12	13	14
6	7	8	9	⑪10	11	12	13	14	15
7	8	9	⑨10	11	12	13	14	15	16
8	9	10	11	12	⑫13	⑬14	15	16	17
9	10	11	12	13	14	15	16	⑱17	18

[교정표]를 기록하는 방법!

※ [576+398= 974]을 틀렸다고 가정을 해 보자.

(1) 정답은 974인데 973으로 답을 하여 틀린 경우라면, 당연히 [6+8]의 정보가 잘못 입력된 것이다. 따라서 교정표의 가로에서 [6]과 세로에서 [8]이 겹치는 부분을 찾아서, 왼쪽 위의 귀퉁이에 점선으로 [×]표가 되어 있는 곳에 빨간 글씨로 [×]표를 하고 틀린 답 [13]도 적는다.

(2-1) 만일 984로 답을 하여 틀렸다면, 일의 자리에서 올림을 한 수를 포함하였기 때문에 [7+9]가 아니고, [8+9]의 정보가 잘못 입력된 것이다. 따라서 교정표의 가로에서 [8]과 세로에서 [9]를 찾아서, 왼쪽 위의 귀퉁이에 점선으로 [×]표가 되어 있는 곳에 빨간 글씨로 [×]표를 하고 틀린 답 [18]도 적는다.

(2-2) 만일 964로 답을 하여 틀렸다고 하더라도, 일의 자리에서 올림을 한 수를 포함하였기 때문에 [7+9]가 아니고, [8+9]의 정보가 잘못 입력된 것이다. 따라서 교정표의 가로에서 [8]과 세로에서 [9]를 찾아서, 왼쪽 위의 귀퉁이에 점선으로 [×]표가 되어 있는 곳에 빨간 글씨로 [×]표를 하고 틀린 답 [16]도 적는다.

* 그러나 이 경우에는 받아올림하는 수를 적기가 귀찮아서 쓰지 않았다가, 까먹은 경우일 수도 있다. 그것은 뒤에 이어지는 [간편셈] 편에서 자세히 설명할 것이므로 여기서는 일단 무시한다.

(3) 마찬가지로 백의 자리를 [8]로 답하여 틀렸다면, 백의 자릿수는 [5+3]이지만 십의 자리에서 올림을 한 수를 포함하였기 때문에 [5+3]

이 아니라 [6+3]의 정보가 잘못 입력된 것이다. 따라서 교정표의 가로에서 [6]과 세로에서 [3]을 찾아서, 왼쪽 위의 귀퉁이에 점선으로 [×]표가 되어 있는 곳에 빨간 글씨로 [×]표를 하고 틀린 답도 적는다.

위의 교정표에는 이미 (1), (2), (3)에서 언급한 내용을 모두 파랑색 원으로 표시를 하였으므로 눈여겨보시면 이해하실 수 있을 것이다.

※ 틀린 패턴을 발견하기가 좀 더 어려운 수도 연습하여 보자.

만일 [642+289+375 = 1306]의 답을 [1296]이라고 하여 틀렸다고 가정을 해보자.

(1) 일단 백의 자릿수는 타겟이 아니다. 왜냐하면 백의 자리에서 아이가 틀렸다고 가정을 한다면, 아이는 십의 자리에서도 9를 틀렸다는 이야기가 된다. 확률상 거의 일어나지 않는 일이다. 따라서, 아이는 단지 십의 자리에서 1을 적게 답하여 틀린 것뿐이다.

십의 자릿수는 [4+8+7]이지만, 일의 자리에서 올림을 한 수를 포함하였기 때문에, [5+8+7]로 보아야 할 것이다. [5+8]에서 틀렸거나, 아니면 [5+8= 13]이므로 다음 조합인 [13+7]의 정보가 잘못 입력된 것이다(단, [13+7]은 패턴 교정시[3+7]로 본다). 혹은 [둘 다]의 정보가 잘못 입력되었을 수도 물론 있다. 그러나 현재로선 어느 것의 정보가 잘못 되었는지는 정확히 알 수는 없다. 알면 귀신이다. 그래서 현재로서는 [5+8]과 [3+7]모두 교정표에 표시를 해 놓고 [둘 다] 집중을 해야 한다.

※ 다른 방법도 있다. 아이에게 '생각하지 말고 머릿속에서 떠오르는 대로 재빨리 답을 하라'고 미리 일러둔 뒤에, [5+8]과 [3+7]이 얼마인지 재빨리 물어보는 것이다. 묻는 목소리를 단호하게 하고, 아주 재빨리 물어보는 것이 포인트다. 아이가 긴박함을 느끼면 이성의 뇌가 작동하지 못하고 장기기억이 순식간에 툭 튀어나오니까! 결과는 두 가지이다. 순진한 아이는 틀린 답을 곧이곧대로 이야기할 것이고, 쉽게 틀린 패턴을 찾아낼 수 있다. 그러나 영특한 대부분의 요즘 아이들은 눈치가 8단이라, 벌써 [머릿속 계산기]를 두드려서 이미 정확한 답을 알고 있다. 이때에는 별다른 소용이 없다.

(2) 그런데 또 다른 문제에서 틀린 패턴을 찾다가, 거기서 우연히 [3+7]을 발견하였다. 그렇다면 [5+8]은 아니라는 이야기이다. 교정표에서 [5+8]의 패턴을 찾아 제거한다. [5+8]은 타겟이 아니었던 것이다. 그리고 중요한 것은 [3+7]은 두 번 발견했으므로 파란 글씨로 [×]표를 한 번 더 한다는 것이다. 즉 틀린 패턴을 두 번 발견했다면 두 번, 세 번 발견했다면 세 번 [×]표를 해야 한다는 이야기이다.

(3) 만일 [4+6]을 11로 잘못 기억한 것을 다섯 번 발견했다면, 당연히 [×]표를 다섯 번 하여야 한다.

위의 교정표에는 이미 (1), (2), (3)에서 언급한 내용을 모두 파란색 원과 [×]표로 표시를 하였으므로 눈여겨보시면 이해하실 수 있을 것이다.

* 타겟 찾기표

아이가 실제로 틀린 문제들에서 타겟을 찾아 교정을 하는 것이 가장 바람직한 교육 방법이겠지만, 조금 더 쉽게 타겟을 찾을 수 있는 방법도 있다.

다음 쪽의 덧셈, 뺄셈, 곱셈 3종류의 타겟 찾기표가 바로 그것이며, 샘의 후배 라성운 샘의 조언이 한 몫을 했다.

다음의 표로 활용 방법의 예를 든다면,

9 +					
2	7	5	1	4	6
6	1	9	8	3	5
9	8	4	1	2	8
4	3	2	6	3	7
5	7	2	9	6	4
8	3	1	5	7	9

표의 위에 있는 9와 그 아래의 숫자들을 차례로 더하여 답을 말하는 것인데, 요령이라면 가능한 한 빨리 답을 말하도록 하는 것이다!

즉 9+2= 11, 9+7= 16, 9+5= 14, 9+1= 10... 의 순서로 재빨리 계산을 하여 답을 말하도록 시키는 것인데, 더 빨리 계산을 하여야 장기기억이 잘못된 타겟을 쉽게 찾아낼 수 있으므로 11, 16, 14, 10... 과 같이 답만 재빨리 말하도록 한다!

이때 샘이나 Mom이 할 일은 아이가 틀린 답을 말하는지 잘 듣는 것이다.

더 정확히 체크하기 위하여는, 다른 종이에 미리 계산을 해둔 정답을 적어 놓고, 아이가 부르는 답과 비교하는 것이 훨씬 정확히 타겟을 찾는 방법임을 명심하자!

메모, 약도

670@kyobobook.
o.kr

울 종로 종로1
재무범 2076-04
-6번

도서출판 **지능, 신기교육**

도서총판 **보 람 도 서**

인터넷: www.borambook.co.kr
메일: boram@borambook.co.kr
소: 서울·금천구 남부순환로 1432
(독산동 901-9번지 남부빌딩 3층 301호)
화: (02)856-4983, (02)844-7130
010-5250-7130
스: (02)856-4984

* 덧셈 타겟 찾기표

1 +					
7	1	4	9	2	6
8	9	1	5	6	3
6	7	9	3	8	4
5	8	3	4	2	5
3	5	2	7	1	8
4	2	6	1	9	7

2 +					
6	1	2	8	9	7
9	7	6	3	5	8
4	3	1	8	4	9
7	5	4	6	2	3
8	9	7	2	5	1
2	3	5	4	1	6

3 +					
6	3	5	3	8	1
5	8	4	1	9	6
1	4	9	7	2	8
7	8	4	2	5	7
2	3	1	6	4	9
9	7	2	5	6	3

4 +					
4	6	3	8	2	7
5	7	8	6	9	3
2	4	1	5	7	6
6	2	9	1	8	5
1	8	7	3	9	4
3	5	9	4	1	2

5 +					
1	2	9	5	3	8
7	6	1	7	9	5
8	4	9	6	3	2
9	2	6	1	8	4
3	7	5	2	4	1
5	8	3	4	6	7

6 +					
6	1	4	9	7	3
4	5	7	1	8	2
8	1	6	5	4	2
8	3	2	6	4	1
9	7	5	3	6	9
3	8	9	2	7	5

7 +					
2	6	1	5	3	4
4	6	8	2	1	5
8	3	4	7	1	5
2	5	7	9	4	3
9	1	3	6	8	7
7	2	9	8	6	9

8 +					
6	7	2	9	1	8
7	6	1	8	3	4
4	8	3	7	5	1
5	1	9	6	7	2
2	6	4	3	5	9
8	3	5	2	4	9

9 +					
2	7	5	1	4	6
6	1	9	8	3	5
9	5	4	1	2	8
4	3	2	6	3	7
8	7	2	9	6	4
8	3	1	5	7	9

습관은 바꿀 수 있다. 장기기억도 그렇다.

* 뺄셈 타겟 찾기표

9 -				
5	1	3	4	7	8
4	7	2	8	1	9
3	8	4	5	6	1
2	6	5	9	3	4
6	9	7	2	5	3
9	1	8	6	2	7

10 -				
4	5	2	1	8	3
6	1	2	4	8	7
3	2	5	9	6	4
7	9	6	3	5	8
8	7	3	4	9	1
9	7	1	5	6	2

11 -					
5	3	2	6	9	7
7	3	6	2	8	4
4	7	6	8	5	1
8	3	1	4	6	9
2	7	9	1	3	5
1	4	5	9	8	2

12 -					
7	9	3	4	2	3
2	8	1	6	9	7
4	6	9	1	5	2
5	6	2	7	3	8
1	4	8	5	6	9
3	5	7	8	1	4

습관은 바꿀 수 있다. 장기기억도 그렇다.

13 –					
2	7	8	1	7	4
9	4	5	1	6	2
1	8	9	3	7	6
3	1	4	5	8	2
5	6	2	3	7	9
6	8	9	4	3	5

14 –					
3	2	1	4	9	8
5	1	2	7	8	6
7	8	9	6	5	2
5	9	6	1	3	4
3	4	8	2	1	5
6	7	4	3	9	7

15 -					
1	6	8	4	2	7
1	7	4	9	8	3
5	3	2	1	5	8
4	9	6	7	3	2
9	5	7	6	8	1
9	2	3	4	5	6

16 -					
1	9	7	2	4	6
4	8	3	7	6	1
5	6	8	1	9	7
3	7	4	8	5	2
5	2	1	3	9	4
2	3	6	5	9	8

17 –					
4	5	9	1	6	7
7	1	2	5	4	9
7	8	3	9	2	1
3	9	6	7	2	5
6	1	4	8	5	3
2	8	6	4	3	8

18 –					
1	3	2	8	4	5
4	6	7	8	9	1
5	4	9	2	6	7
6	3	2	1	9	8
5	7	4	3	2	9
1	5	6	7	8	3

*곱셈 타겟 찾기표

2 ×					
2	6	3	8	9	7
3	1	2	4	3	6
5	4	7	9	1	8
9	1	7	6	5	3
8	4	5	2	1	9
7	6	8	5	2	4

3 ×					
5	9	4	7	1	6
6	2	8	9	3	5
3	7	5	2	6	4
4	2	8	1	7	3
1	7	6	4	8	9
8	1	9	5	2	3

습관은 바꿀 수 있다. 장기기억도 그렇다.

4 ×					
7	6	4	8	7	3
8	1	6	3	9	2
4	9	2	6	1	5
5	7	3	4	1	9
8	1	2	5	6	4
3	9	1	2	7	8

5 ×					
9	5	6	4	2	1
7	6	4	5	1	2
8	3	1	5	9	7
3	2	1	7	8	4
2	3	9	6	7	8
4	9	8	5	3	6

6 ×					
9	5	8	6	1	2
2	7	1	3	2	9
4	1	6	7	8	5
5	3	4	9	7	8
6	2	9	1	5	4
3	8	7	4	6	3

7 ×					
7	4	1	5	3	8
3	7	4	2	1	8
5	2	4	6	9	3
9	1	8	3	5	6
8	7	6	5	2	9
9	2	6	7	1	4

습관은 바꿀 수 있다. 장기기억도 그렇다.

8 ×					
5	4	2	6	3	9
3	6	8	2	1	7
8	2	7	9	5	6
7	6	4	9	1	3
5	9	3	4	1	8
7	1	4	2	8	5

9 ×					
7	1	2	4	9	5
3	8	1	6	7	5
5	2	8	4	3	6
6	7	4	2	8	9
5	9	3	1	7	4
9	6	1	8	3	2

3. 집중 단계:

가장 중요한 부분이다.

'한 방에, 하나씩 목표물을 정확히 제거 One Shoot, One Kill'하는 실력을 자랑하는 '저격수 Sniper'의 비결은 첫째, '목표물 Target'에 대한 남다른 집중력이다. 둘째, 셋째의 비결도 오로지 타겟에만 집중을 한다는 것이다. 타겟에 집중하는 동안, 그는 '모기가 물어도 꼼짝 않는다.'

모기를 예로 든 이유는 샘이 지금 원고를 쓰고 있는 곳이 인도네시아이기 때문이다. 모기 끔찍하다. 인도네시아에서 밤잠을 설치는 주 원인은 열대야와 모기 때문인데, 이제는 모기를 잡는다는 행위 자체를 포기한 지 오래이다. 모기의 습성을 바꿀 수 없으니, 나의 습관을 바꾸기로 했다. 밤에 잠을 안 자는 것이다.

어쨌든 우리의 저격수는 지금도 타겟에 집중을 하고 있다. 이윽고 타겟이 나타난다. 저격수는 신중하게 타겟을 조준한다. 타겟이 눈에 들어오고 점점 크게 보이기 시작한다. 타겟이 바로 내 눈앞에 있는 것처럼 느껴지면, 때가 된 것이다. "SHOOT~!" 타겟은 제거됐다! 난 한 발이다. 저격수는 연기처럼 사라진다. 그의 흔적은 어디에서도 찾아볼 수 없다.

그러나, 우리는 많이 빗나갔다. 다시 본론으로......

집중 단계에서는, 본 책에서 [부록]으로 제공한 [교정표]를 3부 이상 복사해서 아이의 책상 위에 붙여두고, 의자에 앉을 때마다 한 번씩 읽어 보고, 입으로 3번 정도 중얼거려 보도록 한다. 또 화장실 문이나 냉장고 문 등등 아이와 어머니의 눈에 잘 띄는 곳에 붙여 두고, 아이에게 교정표가 눈에 띄면 틀린 패턴을 입으로 3번 정도 중얼거리며 읽어 보도록 한다.

어머니께서 요리를 하시려다가 냉장고의 교정표가 눈에 띄면, 아이가 어디에 있건 아이의 이름을 크게 부르신 후에, 빠른 속도로 물어본다. "5+8은?". 화장실에 가실 때도 당연히 눈에 띌 것이다. 모자, 모녀 간에 무엇이 문제인가? 역시 큰 소리로 이름을 부른 후, 빠르게 물어본다. "5+8은?". 조금 민망할 테지만 무엇이 대수인가? 아이는 그만큼 빨리 뇌 속의 껌 딱지를 떼어낼 수 있을 텐데!

"이쯤 읽다 보면 누구든지 지루할 때가 될 듯해서 웃자고 한 이야기 입니다. 굳이 이렇게까지는 안 하셔도 됩니다. 다만 어머니께서도 늘 타겟에 관심을 가지시고, 가끔 확인을 해 보시는 것은 매우 효과적입니다. 왜냐하면, 동지들이니까!"

단지 이것뿐이다. 그리고 틀린 패턴은 한 번에 많이 찾아내서 교정표에 기록을 해 두어도 좋다. 그러나 하루하루 집중할 패턴은 딱 하나씩이다. 왜? 우리는 저격수니까, 하루에 하나의 타겟에만 집중을 한다.

샘의 경험으로 대부분의 아이들은 덧셈 선반에 걸쳐서, 대개는 1~2개 정도의 패턴이 잘못 입력되었을 뿐이다.

그러나 많게는 5~7개까지 잘못 입력된 아이들도 봤다. 그렇다고 해서 무엇이 대수란 말인가? 하루 하나의 패턴씩, 단지 일주일이면 완벽하게, 모두 교정이 될 텐데!

늦게 피는 꽃도 예쁘기는 매한가지다!

4. 확인 단계:

타겟을 훌륭히 제거를 했는지 확인해 보는 단계이다.

어머니와 아이의 동지적 협력 관계가 대단히 중요하다. 아이에게 혼자 찾으라고 시키거나, 어머니 혼자 찾아 주어서도 안 된다. 반드시 어머니와 아이가 함께, 시험지를 같이 보면서 계산 문제 안의 타겟을 훌륭히 제거했는지 꼼꼼히 확인해 본다. 틀린 문제에서 찾으라는 뜻이 아니다. 먼저 맞은 문제에서 예전에 자주 틀리던 패턴이 있었는지 확인을 해 보라는 것이다.

만일 맞은 문제 안에 예전에 자주 틀리던 패턴이 있다면, 아이는 타겟을 훌륭히 제거한 것이다.

칭찬을 왕창 해 주자!

칭찬은 고래도 춤추게 한다지 않는가?

그 다음에 비로소 틀린 문제에도 타겟이 있는지 확인해 본다. 만일 틀린 문제 안에서 타겟을 발견했다면 1개를 발견할 때마다, 교정표에 [×]표를 1개씩 더 추가한다.

5. 반응 단계:

결과에 대한 어머니의 반응이, 아이의 성공과 실패를 좌우한다!

(1) 타겟을 정확히 제거했다면, 당연히 아낌없이 칭찬을 해 준다. 아이는 다음에도 어머니의 칭찬을 듣고 싶어할 것이다. 그리고 이처럼 기쁨을 동반하는 경험들은, 해마가 잊지 않고 장기기억으로 입력시킨다. 왜냐하면 기쁨의 순간을 더 많이 느껴 보려고... 따라서 칭찬과 감동이 동반되면, 우리 뇌에 더 빨리 장기기억으로 자리매김하게 된다.

그리고, 아이는 틀린 문제를 더 이상 부끄럽게 생각하지 않고, 틀린 문제로부터 타겟을 찾아내는 과정에서, 이미 어머니의 칭찬을 기대하게 된다. 드디어 열정이 싹트기 시작하는 것이다. 타겟을 훌륭히 제거하는 일이 반복되고, 어머니로부터 칭찬을 받는 일도 반복되게 되면, 타겟을 발견할 때마다 아이의 뇌는 어머니의 칭찬을 떠올리며 혼자서 즐거워한다.

이미 말했다. 장기기억은 즉시 반응을 한다고. 그리고 그 원칙은 절대로 변하지 않는다고도 말했다. 어머니의 칭찬을 듣기도 전에, 미리 즐거워하는 어린아이의 작은 뇌를 한 번 상상해 보시라.

마치 아빠가 퇴근을 하실 때 크레파스를 사오실 것을 미리 알고, 하루 종일 들떠서 재잘거리며 즐거워하는 어린아이 같지 않은가? 우리 몸의 작은 지배자인 뇌! 이 녀석 알고 보면 참 쉬운 놈이다.

그리고 마침내 아이는 타겟을 제거했을 때, 어머니의 칭찬이 없어도 스스로 만족하게 된다. 아이의 작은 뇌는 이미 타겟을 찾아내고 제거하는 일에 열정을 바치고 있는 것이다. 일단 우리 뇌 속에 열정이 자리잡으면, 이 습관 역시 쉽게 바뀌지 않는다.

게임 중독이나 칭찬에 대한 중독이나 우리 뇌에게는 똑같은 것이다. 실제로 인간이 중독되는 모든 행위에는 엔도르핀이 분비된다. 당신의 몸에서 만들어지는 모르핀으로서, 당신을 기분 좋게 하기도 하고, 고통을 느끼지 못하게도 한다. 운동선수들이 극한의 훈련을 감내하는 것도, 극한 상황에서 바로 이 엔도르핀이 분비되기 때문이다.

정말로 반가운 소식이 있다!

우리 뇌의 이러한 칭찬과 보상의 시스템은 모든 학습과목을 가리지 않고 변함없이 적용된다는 것이다.

그렇다면 그 결과는?

아이의 작은 뇌가 [타겟을 찾아내고, 타겟에 집중하고, 타겟을 제거하는 일에 열정]을 바치는 단계가 된다면, 그 결과는 어떠할까?

결론적으로 아이는 앞으로 [모든 과목의 공부를 잘할 수밖에 없다는 것이다!]

생각해 보시라!

이미 틀린 문제를 교정하는 것에 재미가 들린 학생의 앞날이 우등생 말고 무엇이 더 있겠는가?

세상에나! 우등생이 되는 방법이 이렇게 간단하다니! 돈을 내고 이 책을 산 보람이 있을 것이다.

(2) 타겟을 훌륭히 제거했는지 맞은 문제들에서 모두 확인을 하고,

아이에게 아낌없는 칭찬까지 모두 마쳤다면, 이제는 틀린 문제들에서도 새로운 타겟이 있는지 찾아본다. 이 순서가 바뀌어서는 절대로 안 된다. 그리고 만일 새로운 타겟을 발견했다면, 교정표에 [×]표를 추가하는 것도 잊지 마시라.

여기가 가장 중요한 대목이다.

타겟을 제거하지 못했을 때…

아이가 틀리고 싶어 틀린 것이 아니다. 그렇다고 몰라서 틀린 것도 아니다. 물론 덤벙대다가 틀린 것도 아니다. 다만 해마가 장기기억에 잘못된 정보를 입력시킨 것이 문제의 본질이며, 아직 해마는 새로운(올바른) 정보를 장기기억으로 전환시킬 의사가 없는 것이다. 감동을 동반하지 않는 기억을 장기기억으로 전환하기 위해서는, 반복해서 집중적으로 해마에 자극을 주는 길뿐이다. 그렇다, 단지 앞으로 더 많은 자극이 필요할 뿐이다! 라는 것을 이제는 어머니께서도 너무 잘 알고 계신다. 그러므로 아이가 목표로 한 타겟을 제거하지 못했을 때에, 어떤 식으로든 아이를 추궁하는 말투는 삼가야 한다. 그리고 아이 탓이 아님을 분명히 알려 주는 것이 좋다. 이렇게 "해마가 아직도 고집을 부리고 있네? 해마가 고집불통이라는 것이 사실인가 보다, 그렇지?" 하시며, 아이 탓이 아님을 분명하게 하라!

100% 사실이니까!

본시 인간의 뇌는 그렇게 세팅이 되어 있는 것이다.

이 사실을 겸허히 받아들이고, 해마의 마음이 바뀌기를 차분히 기다리자.

어떻게?

끈질기게 타겟에 집중하면서!

※ **성취의 3단계**

- 성취 제1단계:

"Me, too!" 단계로 아이와 공감대를 형성하고, 동지적 관계를 만드는 것이 중요하다.

"Me, too!" 다음에는 서로 협력하는 자세가 중요하다. 동지들이니까!

처음부터 끝까지 서로 협력을 한다. 아래의 표를 참고하시기 바란다.

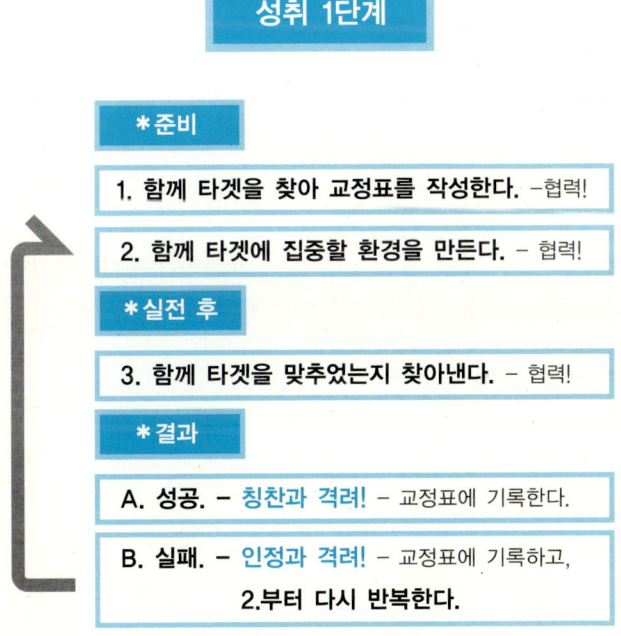

- 성취 제2단계:

　동지적 협력 관계에서 더 나아가, 쉬운 것부터 서서히 '자율성'을 길러 주는 단계이다. 어머니의 관심이 없어도 아이 스스로 타겟에 집중하도록 권유해 본다.

　『아이는 틀린 문제를 더 이상 부끄럽게 생각하지 않고, 틀린 문제로부터 타겟을 찾아내는 과정에서, 이미 어머니의 칭찬을 기대하게 된다. 드디어 열정이 싹트기 시작하는 것이다.』아래의 표를 참고하시기 바란다.

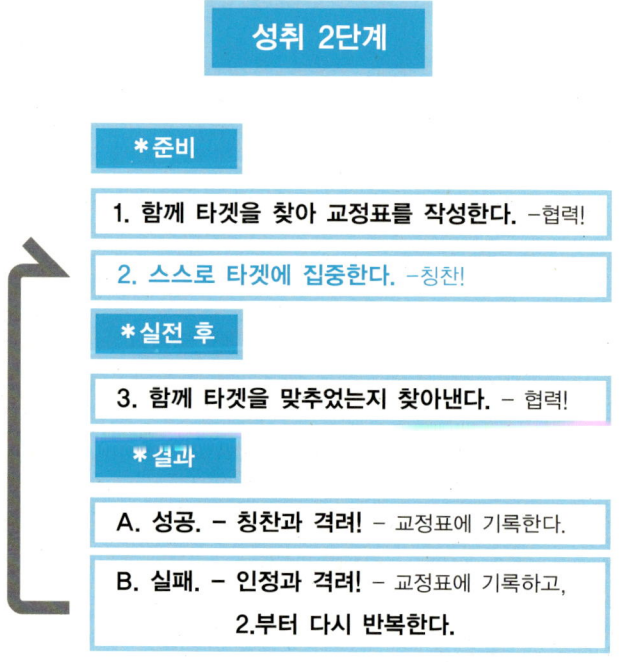

- 성취 제3단계:

스스로 타겟에 집중하는 '자율성'의 단계에서 더 나아가, 아이 혼자 교정표를 작성해 보는 '독립성'을 길러 주는 단계이다.

『타겟을 훌륭히 제거하는 일이 반복되고, 어머니로부터 칭찬을 받는 일도 반복되게 되면, 아이의 뇌는 어머니의 칭찬을 듣기도 전에, 미리 그 기억을 떠올리며 혼자서 즐거워한다.』아래의 표를 참고하시기 바란다.

성취 3단계

*준비

1. 스스로 교정표를 작성한다. -칭찬!
2. 스스로 타겟에 집중한다. -칭찬!

*실전 후

3. 함께 타겟을 맞추었는지 찾아낸다. - 협력!

*결과

A. 성공. - 칭찬과 격려! - 교정표에 기록한다.

B. 실패. - 인정과 격려! - 교정표에 기록하고, 2.부터 다시 반복한다.

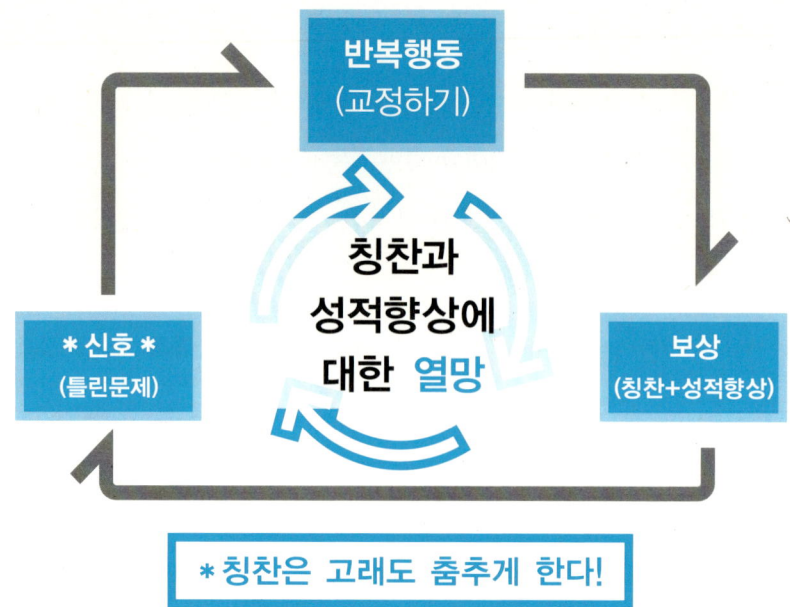

※ 앞에서 보았던 표이다.

[잘못된 습관을 어떻게 바꿀 것인가?]에 관한 연구 내용을, [반복되는 계산 실수를 어떻게 교정할까?]라는 관점에서 재구성을 해 본 것이다.

이제는 이 표가 의미하는 바를 짐작하실 수 있으리라 믿는다. 위 표의 신호 단계에 당구장 표시를 두 개나 한 것은 그것이 그만큼 중요하다는 뜻이다.

즉, "틀린 문제가 오히려 칭찬을 받을 수 있는 기회가 된다면?" 부터가 패턴 교정의 시작점인 것이다. 그리고 그것이 단지 위 표의 사이클을 따르기만 하면 되는 쉬운 것이고, 게다가 이미 같은 방법으로 몇

번이나 칭찬을 받은 경험이 있다면, 누구인들 위 표의 사이클을 계속 따라 해서, 칭찬을 계속 받고 싶지 않겠는가?

'찰스 두히그'는 밀리언 셀러인 그의 저서 [습관의 힘]에서 반복되는 칭찬과 보상이 어떻게 열정으로 바뀌는지 과학적 사례를 열거하며 설명을 하였다. 일독을 권한다.

특히 샘은 오랜 경험으로 스스로 터득한, 샘만의 '반복해서 틀리는 패턴 교정하기' 비법이, 뇌과학적으로도 완벽하다는 사실을 확인하던 순간의 희열을 잊을 수 없다.

샘에게는 작은 소망이 하나 있다.

이제는 더 이상 이 세상에서,

"똑같은 계산 실수를 반복하는 아이들이 없기를 바란다!"

늦게 피는 꽃들을 위하여...

※ 뺄셈과 곱셈 교정표를 작성하는 방법은, 특별히 무료 동영상 강좌를 제작하여, 수리셈 홈페이지에 올려놓았습니다.

유튜브 (YouTube) 등에도 올렸으니 시청하시고 이웃에도 추천하여 주시기를 당부 드립니다.

참조

1. 캐나다 토론토 대학 인지신경학과 전문연구기관 베이크레스트 로츠먼 연구소 (Baycrest's Rotman Research Institute) 수석연구원 니콜 앤더슨 박사 – 국제 학술지 '실험심리학 저널'(Journal of Experimental Psychology)

2. 출처: http://cafe.daum.net/bigmemories/3bw/15351

3. 스티븐 코비(Stephen R. Covey) 저. [성공하는 사람들의 7가지 습관]에서 발췌. –원칙의 실체, 그리고 이것이 미치는 영향에 대한 아이디어는 미국 해군연구소의 잡지인 〈프로시딩스 (Proceedings)〉에 실린, 프랭크 코크가 설명하는 패러다임 전환 경험에서 발견할 수 있다.

4. 오른쪽 뇌는 모두 현재의 순간에 대한 것뿐이지요. 모든 것이 "바로 여기, 바로 지금"에 대한 것입니다. 오른쪽 뇌는 그림으로 생각합니다. 우리 몸의 움직임을 통해 운동감각적으로 알아냅니다. 에너지 형태의 정보, 모든 감각 시스템을 통해 동시에 흘러드는 흐름들이고

다음에는, 이 현재 순간이 어떻게 보이는가, 이 현재 순간의 냄새는 어떻고, 맛은 어떤가, 느낌은 어떻고, 소리는 어떤가 등의 엄청난 콜라주로 폭발하는 것입니다. 저는 저의 오른쪽 뇌의 의식을 통해 제 주변의 모든 에너지와 연결되어 있는 에너지 존재입니다. 우리는 오른쪽 뇌의 의식을 통해 한 인간 가족으로 서로 연결되어 있는 에너지 존재들입니다. 바로 여기서, 바로 지금, 우리는 이 행성 위의 형제 자매들입니다. 세계를 더 나은 곳으로 만들기 위해 여기에 있는, 이 순간 우리는 완벽하고, 온전하고, 아름답습니다.

우리의 왼쪽 뇌는 아주 다른 곳입니다. 우리의 왼쪽 뇌는 직선적으로 질서정연하게 생각합니다. 우리의 왼쪽 뇌는 모두 과거에 대한 것이고 또 모두 미래에 대한 것입니다. 우리의 왼쪽 뇌는 현재 순간의 엄청난 콜라주를 취해서 세부 사항을 파악하고, 세부 사항에 대한 더 자세한 세부 사항을 파악하고, 더 자세한 세부 사항의 세부 사항을 파악하기 시작합니다. 그런 다음 모든 정보를 범주화하고 조직화하여, 우리가 배운 과거의 모든 것과 연관시켜서, 우리의 모든 가능성들을 미래에 투영합니다. 우리의 왼쪽 뇌는 언어처럼 생각합니다. 나와 나의 내부 세계를 나의 외부 세계와 연결하는 지속적인 뇌 수다쟁이입니다. "이봐, 집에 가는 길에 바나나를 픽업하는 거 잊지마. 아침에 먹어야 돼"라고 말하는 작은 음성입니다. 언제 빨래를 해야 하는지 알려주는 계산하는 지성이기도 합니다. 그러나 가장 중요한 것은, 그 작은 음성이 나에게 "나야. 나야."하는 것입니다. 내 왼쪽 뇌가 나에게 "나야." 하자마자, 나는 분리됩니다. 나는 내 주변을 흐르는 에너지 흐름과는 분리된, 여러분들과도 분리된, 단일하고 견고한 개인이 됩니다.

5. '특권 3.' 해마의 크기와 발달에 대하여

원전: Maguire, E., Gadian, D., Johnsrude, I., Good, C., Ashburner, J., Frackowiak, S., &Frith, C. (2000). Navigation-related structural change in the hippocampi of taxi drivers. Proceedings of the National Academy of Sciences, USA, 97(8), 4398-4403.

[행복의 특권 The Happiness Advantage]에서 '숀 아쳐 (Shawn Achor)'는 우리의 뇌가 얼마든지 변할 수 있다는 '뇌가소성'에 대하여 언급하며, 재미있는 사례를 들었다.

『몇몇 과학자들은 런던 택시 기사들의 뇌 속을 들여다보다가 놀라운 사실 한 가지를 발견했다. 그것은 택시 운전사들의 뇌 속 해마가 다른 사람들보다 훨씬 크고 발달되어 있다는 사실이었다 (해마는 공간 기억력과 밀접한 관련이 있다).

해마가 큰 것이 뭐 그리 대수냐고 말하는 사람도 있을 것이다. 하지만 바로 이 발견 때문에 전 세계 신경과학자들이 '뇌가소성'이라는 개념이 상상 속의 유니콘이 아니라는 사실을 인정하게 되었다. 우리의 뇌가 살아가는 방식에 따라 크게 바뀐다는 놀라운 사실을 어떠한 방식으로든 설명해 내야만 했던 신경과학자들에게 그런 점에서 런던 택시 기사의 해마 크기는 실로 대단한 발견임에 분명하다. 그때까지만 해도 성인이 되면 뇌 구조가 굳어져 바뀔 수 없다고 믿어 온 과학자들이 거대한 곤경에 처하고 만 것이다. 이제 이들은 다음 두 가지 입장 중 하나를 선택해야 했다.

A. 그들의 뇌가 언젠가 런던에서 택시 기사를 할 것이라는 운명을 미리 알고 있었기 때문에 어릴 적부터 해마를 발달시켰다.

B. 런던처럼 복잡한 미로 속에서 오랫동안 택시를 운전하는 동안 그에 맞게 기억을 담당하는 해마가 발달했다.』

여러분의 판단은 A인가, B인가?

만일 B라고 생각을 하신다면,

공간지각능력을 활용하여 암산을 척척 해내는 아이들의 해마에도 같은 효과가 나타나리라는 것을 쉽게 짐작할 수 있을 것이다.

6. 하버드대 협상학의 권위자 다니엘샤피로 박사는, 그의 저서 [원하는 것이 있다면 감정을 흔들어라!]에서 아래와 같이 협상에 있어서의 5가지 핵심 관심에 집중하라고 이야기한다.

『협상에서의 관건은 '감정을 어떻게 다룰 것인가? 하는 문제입니다. 협상의 대상이 군사 분야이건 정치 분야이건 비즈니스 분야이건, 아니면 가족과 하는 협상이건 간에, '협상할 때 생기는 감정의 문제를 어떻게 대응해야 하는가?' 라는 문제입니다. '자신의 감정과 상대의 감정을 어떻게 처리할 것인가?'입니다.

5가지 핵심 관심

(1) 인정: 이해 받지 못하고, 폄하되거나 무시당하는 걸 좋아하는 사람은 아무도 없습니다. [중략] 문제는 긍정의 표현이 부족한 겁니다. [중

략] 관건은 '어떻게 진심으로 상대를 인정하는가?' 하는 것입니다.

(2) 자율성: 자율성은 '의사결정의 자유'라고 정의할 수 있습니다. 그 누구도 자신에게 뭘 하라고 명령하지 않는 것입니다. 여러분 주위의 어떤 사람이 여러분에게 어떤 명령을 받는다는 느낌이 들면, 그래서 자신의 자율권이 침해 당했다고 생각하면 그 사람에겐 부정적인 여러 감정이 생겨 여러분에게 협조하기 힘들게 됩니다. 마찬가지로 여러분도 그 사람에게 자율권을 침해 받고 있다고 느끼는 순간 부정적 감정들이 일어납니다. 과거 경험으로 아실 겁니다. 그러면 여러분도 그 사람에게 협조하고 싶지 않죠.

(3) 친밀감: 친밀감은 자신과 상대와의 감정적 연결선입니다. 여기서 상대란 개인이나 단체 모두를 포함합니다. 사람들은 협상할 때 상대를 경쟁자나 적으로 간주하는 경향이 있습니다. 비즈니스 협상이라면 서로를 대립관계라고 생각합니다. 정치 분야에서는 상대를 적으로 생각하죠. 그러나 저는 의견 차이가 대립을 뜻한다고 생각하지 않습니다. 의견차이는 여러 가지 방법으로 대처할 수 있습니다.

(4) 조언: [조언]을 청하라!

(5) 협력: 함께 [협력]하라!

서로의 '핵심 관심'을 존중하면 긍정적인 감정들을 살릴 수 있습니다. 효과적으로 활동할 사람들을 얻게 되는 것입니다. 반대로, 이런 핵심 관심사들을 소홀히 하고, 상대방과 공감하지 않고, 자율성을 무시하며, 조언을 구하기보다 지시를 하면, 친밀감을 쌓을 수 없습니다. 그럴 경우 역시 결과를 예측할 수 있지만, 그 내용은 훨씬 위험하겠죠.」

7. 사회복지학 전문가 브레네 브라운 박사의 [수치심과 취약성]이라는 주제의 TED 강연에서 발췌해 보았다.

『 "여성의 수치심은 '여성은 이러해야 한다.'고 만들어진, 이 불가능하고 모순되며 경쟁적인 기대가 만들어낸 산물입니다.

남성의 수치심은 경쟁과 기대로 뒤엉킨 양상을 보이진 않습니다. 단 하나죠. '이걸 들키지 말 것', '약함! weak' "

"자기 곁의 남자가 취약하고 두려운 모습을 있는 그대로 내보인다면, 그 여성은 그야말로 놀라운 업적을 이룬 셈입니다."

"마찬가지로 여러분(여성)이 이 모든 걸 해낼 수 없어서, 그래서 뚜껑이 열리기 직전이 됐을 때 여러분 곁의 남자가 그냥 여러분의 얘길 들어주기만 한다면(우리가 필요로 하는 건 그것뿐이니까요), 그 남성 역시 대단한 업적을 이룬 셈입니다."

우리가 고통에 몸부림칠 때, 우리가 필요로 하는 단 두 단어는 바로 이것입니다!

"나도 그래!" (Me, too!)』

부록
당신의 뇌, 똑똑하게 사용하는 방법 7가지!

목차

1) 호기심을 가져라
   * 시냅스의 가소성
2) 감동하라
   * 해마와 파페츠 회로
3) 자세히 관찰하라
   * 의미 있는 일은 기억이 잘 된다.
4) 한 가지에 집중하라
   * 뇌파는 한 줄이다
5) 긍정적으로 생각하라
   * 데카르트의 오류
6) 손과 발을 많이 써라
   * 직립보행이 인간의 뇌를 키웠다.
7) 잘 쉬어라
   * REM 수면과 멜라토닌의 기능

1) 호기심을 가져라

*** 시냅스의 가소성**

만일 우리의 피부가 상처 나서 벗겨졌다면?

아픔이 따르겠지만 얼마 후에는 상처에서 회복되는 것이 너무나 당연한 일이다. 즉 피부세포가 죽으면 새로운 피부세포가 다시 자라나서 마침내 상처로부터 회복된다는 뜻이다. 세포분열을 통해서……

그렇다면 만일 우리의 뇌세포(신경세포)가 죽는다면?

불행하게도 우리의 신경세포(뇌세포 포함)는 한번 태어나면 다시 분열하지 않는다. 즉 뇌세포는 더 이상 태어나지 않고 속절없이 죽어 갈 뿐이다.

그것도 하루에 5만 개에서 10만개 정도씩이나 죽어 간다……

계산을 해 봤다.

뇌세포는 하루에 10만 개씩 죽고, 나는 100년을 살 거라는 가정을 하고…… (욕심인 줄은 알지만, 모두의 희망 사항이 아니겠는가?)

100,000(개) × 365(일) × 100(년) = 3,650,000,000

평생 동안 약 36억 5천만 개의 뇌세포가 죽는다는 것이다. 충격적이다.

그러나 걱정할 필요는 없다.

인간은 태어날 때에 어머니로부터 약 1000억 개의 뇌세포를 선물로 받는 축복을 누리니까……

만일 정말로 100년을 산다 해도 전체 뇌세포의 약 2~3%만이 사라질 뿐이다.

더 반가운 소식도 있다.

신경세포는 태어난 순간부터 더 이상 재생되거나 분열하지는 않지만, 살아 있는 신경세포는 회로를 쓰면 쓸수록 회로가 두터워지고 새로운 회로가 만들어진다. 즉 쓰면 쓸수록 회로가 두터워지고, 쓰면 쓸수록 새로운 회로가 자꾸 만들어 진다는 것이다. 역으로 쓰지 않는 회로는 가늘어지거나 아예 사라진다. 이것을 [신경세포의 가소성]이라 한다.

특히 시냅스는 태어나서 한정된 결정적 시기에 더욱 활발히 발달하거나 사라진다.

예를 들어 오리는 태어나서 1~2시간, 고양이는 태어나서 4~8주, 원숭이는 태어나서 1년, 사람은 태어나서 10~12년 정도라고 알려져 있다. 특히 그 기간 동안에 더욱 활발히, 자주 사용되는 시냅스들은 살아 남고, 사용되지 않는 시냅스들은 사라진다.

그러므로 이 결정적 시기일 때, 어린이들이 다양한 경험을 최대한 많이 해서 최대한으로 많은 시냅스를 만들어 주는 것이 두뇌계발에 좋다.

오늘 하루만이라도 아이에게 공부를 시키지 말고 함께 여행을 가 보는 것은 어떨까? 하다 못해 시장구경이라도 다녀오자. 아이의 작은 뇌 속, 뉴런에서 시냅스들이 춤추듯이 꿈틀대면서 서로서로 연결될 것이다.

아이가 평생 사용할 뇌 속 지도가 새롭고 정교하게 완성되는 것이다.

* 시냅스의 성장과 소멸

(1) 태아의 뇌는 시냅스의 밀도가 매우 빈약하다.

(2) 여러 경험을 통해 자극을 받으면서 6세 무렵 시냅스의 밀도가 높아져 신경세포가 과잉 연결이 된다.

(3) 반복적으로 자극을 받은 시냅스만 살아남아서 14세 무렵 시냅스의 밀도가 낮아져 유용한 정보만 기억하게 된다.

왜 그럴까?

우리의 뇌는 오래된 정보보다는 새로운 자극에 더욱 잘 반응하도록 설계되어 있다. 그리고 어린이들은 새로운 모든 것들을 신기해하며 왕성한 호기심을 갖는다.

"엄마, 이건 뭐야?", "엄마, 이거는 왜 그래?", "엄마, 엄마? 엄마!" 아이들은 엄마가 피곤해하는 것은 아랑곳하지 않고, 자신의 뇌에 앞으로의 인생 여행에 필요한 작은 도로들을 열심히 만들어 가고 있는 것이다.

그러므로 뇌를 잘 활용하려면 어린아이들처럼 항상 새로운 것에 대한 호기심을 가져라. 당신이 어떤 대상에 호기심을 갖는 순간, 해마는 그것을 꼭 기억해야 할 대상으로 분류한다.

2) 감동하라

* 해마와 파페츠 회로 (해마형성체)

장기기억과 공간 개념, 감정적인 행동을 조절!

1930년대 신경과학자 파페츠가 우리의 뇌 속에서 감정의 회로를 발견했다.

[해마 - 유두체 - 유두시상로 - 시상전핵 - 대상회(대상다발) - 해마방회 - 해마]를 순환하는 이 회로가 바로 파페츠 회로이다.

흥미로운 것은, 발견 당시에는 이것이 감정의 회로라고 생각했다. 그러나 뇌과학의 발달로 이 회로가 기억에 더 많이 관여한다는 사실이 밝혀졌다.

신기하게도 감정과 기억은 거의 대부분 같은 회로를 사용하고 있었던 것이었다.

그래서 감정과 기억은 서로를 강화해준다.

당신이 감동을 경험하는 순간 뇌에서는 스냅 사진을 찍듯이, 그 장면 그대로를 그림으로 담아서 장기기억의 창고에 곱게 갈무리한다.

3) 자세히 관찰하라

의미 있는 일은 기억이 잘 된다.

당신이 어떤 사물의 같은 점, 다른 점, 특별한 점 등을 자세히 관찰을 하기만 해도, 똑똑한 해마는 충분히 의미가 있는 일이라고 인식을 하고 기억할 준비를 한다.

4) 한 가지에 집중하라

* 뇌파는 한 줄기이다!

흔히 음악을 들으면서 공부를 하면 잘 된다고 한다. 맞는 말이기도 하고 틀린 말이기도 하다. 중요한 사실은 인간의 뇌는 한 번에 한 가지 일만 할 수 있다.

왜? 뇌파는 단 한 줄이니까!

당신의 뇌는 0.01초 정도의 짧은 순간 음악을 듣고, 또 다시 0.01초 정도의 짧은 순간은 책을 보는 것이다. 이 짓을 무한히 반복한다.

엄청나게 빨라서 당신이 의식하지 못할 뿐이다.

즉 뇌는 두 가지 일을 한꺼번에 처리하는 것이 아니고 조금씩 나누어 할 뿐이다.

특히! 무언가를 기억하고자 했는데, 때마침 더 강한 자극이 뒤따라 온다면?

당연히 뒤따라온 강한 자극이 앞의 기억을 밀어낸다. 즉 지금까지 공부한 내용이 기억으로 남지 않는다는 것이다.

망했다!

그러므로 한 가지에 집중하는 것이 뇌를 효율적으로 쓰는 것이다.

따라서 중요한 공부를 했다면 다른 더 강한 자극을 피해서, 잠시 눈을 감고 휴식을 취하거나 잠을 자는 것도 좋은 방법이다.

한 가지 중요한 사실이 더 있다.

음악을 들으면 정서적으로 좋은 감정 상태가 유지된다. 감정과 기억은 상호 밀접한 관계가 있다고 했다. 그러므로 음악을 들으면서 공부를 했을 때에 기억이 잘 된다는 역설도 성립하는 것이다. 아이들이 박수칠 만한 일이지만, 분명한 사실이다.

그러나, 가사가 있는 음악은 기억을 방해할 뿐이다.

왜냐고?

가사를 떠올리는 순간 당신이 고생해서 외웠던 이전의 기억이 밀려나기 때문이다. 뇌파는 단 한 줄이니까! 그래서 K_POP을 들으면서 공부를 하는 것은 바보짓인 것이다.

대안은?

가사가 없는 음악을 듣는 것이다.

대부분의 고전 음악은 당신의 기억 형성에 도움을 준다!

5) 긍정적으로 생각하라

* 데카르트의 오류

해마형성체를 포함하는 변연계는 근본적으로 감정과 본능에 충실한 부위이다. 기분이 좋거나 즐거우면 기억이 잘 된다는 뜻이다.

뇌는 긍정적이고 낙관적인 생각을 하면 회로가 활짝 열리고, 비관적인 생각을 하면 회로가 닫힌다.

이에 대하여, 신경학자 안토니오 다마지오(Antonio Damosio, 1944~)는 〈데카르트의 오류 Descartes' Error: Emotion, Reason, and the Human Brain〉라는 책에서 이와 같이 말했다.

"이성적 판단, 정확한 판단을 하기 위해서는 감정이 풍부해야 한다!" 결국 감정이 풍부한 사람이 뇌를 더 잘 활용할 수 있다는 뜻이다.

또 캐나다에서는 65세 노인 30명을 10년간 연구했는데, 질문은 "당신은 건강하다고 생각하십니까?"라는 딱 한 가지였다.

그런데 신기하게도 그 결과는 이렇다.

결과 1) 실제로 병이 있었으나, 긍정적인 생각을 하는 사람이 5년 더 오래 살았고,

결과 2) 실제로 병은 없었으나, 부정적인 생각(건강을 염려하는)을 하는 사람이 5년 더 일찍 죽었다.

오래 살기 위해서라도 매사를 긍정적으로 생각하고 볼 일이다!

6) 손과 발을 많이 써라

* 직립보행이 인간의 뇌를 키웠다.

인간은 직립보행을 하면서부터 뇌가 비약적으로 커졌다. 두 발로 걸었기 때문에 뇌가 커질 수 있었고, 또 두 발로 걸을 수 있었기 때문에 양손을 자유롭게 사용할 수 있게 되었고, 이것이 이성과 통찰의 부위인 전두엽(특히 전전두엽)의 발달로 이어지게 된 것이다.

역사적 위인들의 이야기를 들어보면, 인생의 중요한 모멘트들이 대부분 걷거나 움직이면서 일어났다. 칸트는 걸으면서 사색하는 것을 즐겼고, 처칠은 중요한 연설문을 떠올리기 위해서 종종 방안을 서성이었다.

7) 잘 쉬어라

* 휴식과 수면은 지친 뇌를 다시 세팅한다.
* REM 수면 시에 해마가 활성화되는 것을 관찰할 수 있다.

바로 이때 해마가 수많은 정보들 중에서 저장할 가치가 있는 정보와 저장할 가치가 없는 정보를 분류하여 장기기억으로 보내거나 버린다. 따라서 오늘 하루 중에 해마에게 충분히 자극적이었던 정보가 있었거나, 감동적이지 않았던 정보일지라도 무수히 반복적으로 입력되었다면, 수면 중에 장기기억으로 전환될 가능성이 아주 높다.

* 멜라토닌의 기능

해마형성체의 뒤쪽에 송과선이라는 곳이 있다. 내분비 기관으로 멜라토닌을 생성하고 분비하는 곳인데, 이 멜라토닌의 기능이 놀랍다.

과학적으로 알려진 것만 열거해 보면,

(1) 생체리듬 조절(밤과 낮의 길이, 계절에 따른 시간의 변화 등과 같은 광주기를 감지)
(2) 수면 유도
(3) 유해산소 제거
(4) 손상된 세포 복구
(5) 항암작용

놀랍다! 잠을 자면서도 우리 뇌는 이렇게 스스로를 정화시킨다니!

아무래도 인류는 전생에 우주를 구한 족속인가보다.

그러므로 시험 전날 밤을 세우는 미개한 짓은 하지 마라.
가능하면 가장 중요하거나 어려운 공부, 외울 것이 많은 공부를 마지막에 하고, 다른 자극이 들어오기 전에 잽싸게 잠을 자라.

나머지는 해마가 알아서 정리를 해 줄 것이다.

* 주의: 잠을 잘 때 불필요한 불빛은 멜라토닌의 분비를 억제하므로, 불빛이 있는 환경에서 잠을 잘 때에는 안대를 착용하는 것이 좋다.

반복해서 틀리는 덧셈 「습관 교정표」

+	1	2	3	4	5	6	7	8	9
1	2	3	4	5	6	7	8	9	10
2	3	4	5	6	7	8	9	10	11
3	4	5	6	7	8	9	10	11	12
4	5	6	7	8	9	10	11	12	13
5	6	7	8	9	10	11	12	13	14
6	7	8	9	10	11	12	13	14	15
7	8	9	10	11	12	13	14	15	16
8	9	10	11	12	13	14	15	16	17
9	10	11	12	13	14	15	16	17	18

반복해서 틀리는 덧셈 「습관 교정표」

+	1	2	3	4	5	6	7	8	9
1	2	3	4	5	6	7	8	9	10
2	3	4	5	6	7	8	9	10	11
3	4	5	6	7	8	9	10	11	12
4	5	6	7	8	9	10	11	12	13
5	6	7	8	9	10	11	12	13	14
6	7	8	9	10	11	12	13	14	15
7	8	9	10	11	12	13	14	15	16
8	9	10	11	12	13	14	15	16	17
9	10	11	12	13	14	15	16	17	18

반복해서 틀리는 곱셈「습관 교정표」

x	2	3	4	5	6	7	8	9
1	02	03	04	05	06	07	08	09
2	04	06	08	10	12	14	16	18
3	06	09	12	15	18	21	24	27
4	08	12	16	20	24	28	32	36
5	10	15	20	25	30	35	40	45
6	12	18	24	30	36	42	48	54
7	14	21	28	35	42	49	56	63
8	16	24	32	40	48	56	64	72
9	18	27	36	45	54	63	72	81

반복해서 틀리는 뺄셈 「습관 교정표」

−	9	10	11	12	13	14	15	16	17	18
1	8	9	10	11	12	13	14	15	16	17
2	7	8	9	10	11	12	13	14	15	16
3	6	7	8	9	10	11	12	13	14	15
4	5	6	7	8	9	10	11	12	13	14
5	4	5	6	7	8	9	10	11	12	13
6	3	4	5	6	7	8	9	10	11	12
7	2	3	4	5	6	7	8	9	10	11
8	1	2	3	4	5	6	7	8	9	10
9	0	1	2	3	4	5	6	7	8	9

반복해서 틀리는 곱셈 「습관 교정표」

x	2	3	4	5	6	7	8	9
1	02	03	04	05	06	07	08	09
2	04	06	08	10	12	14	16	18
3	06	09	12	15	18	21	24	27
4	08	12	16	20	24	28	32	36
5	10	15	20	25	30	35	40	45
6	12	18	24	30	36	42	48	54
7	14	21	28	35	42	49	56	63
8	16	24	32	40	48	56	64	72
9	18	27	36	45	54	63	72	81

반복해서 틀리는 뺄셈 「습관 교정표」

−	9	10	11	12	13	14	15	16	17	18
1	8	9	10	11	12	13	14	15	16	17
2	7	8	9	10	11	12	13	14	15	16
3	6	7	8	9	10	11	12	13	14	15
4	5	6	7	8	9	10	11	12	13	14
5	4	5	6	7	8	9	10	11	12	13
6	3	4	5	6	7	8	9	10	11	12
7	2	3	4	5	6	7	8	9	10	11
8	1	2	3	4	5	6	7	8	9	10
9	0	1	2	3	4	5	6	7	8	9

자르는 선 ☞